통일로 가는
대통령 리더십

통일로 가는 대통령 리더십

발행일   2024년 12월 2일

지은이   백태현
펴낸이   손형국
펴낸곳   (주)북랩
편집인   선일영   편집   김은수, 배진용, 김현아, 김다빈, 김부경
디자인   이현수, 김민하, 임진형, 안유경   제작   박기성, 구성우, 이창영, 배상진
마케팅   김회란, 박진관
출판등록   2004. 12. 1(제2012-000051호)
주소   서울특별시 금천구 가산디지털 1로 168, 우림라이온스밸리 B동 B111호, B113~115호
홈페이지   www.book.co.kr
전화번호   (02)2026-5777   팩스   (02)3159-9637

ISBN   979-11-7224-398-2 03340 (종이책)   979-11-7224-399-9 05340 (전자책)

(주)북랩 성공출판의 파트너
북랩 홈페이지와 패밀리 사이트에서 다양한 출판 솔루션을 만나 보세요!
홈페이지 book.co.kr   •   **블로그** blog.naver.com/essaybook   •   **출판문의** text@book.co.kr

작가 연락처 문의 ▸ ask.book.co.kr
작가 연락처는 개인정보이므로 북랩에서 알려드릴 수 없습니다.

통일로 가는 대통령 리더십

백태현 지음

남남갈등을 넘어 남북통일로

통일의 꿈을 위해 반드시 필요한 것은 무엇일까?
여야를 아우르며 국민적 합의를 이끌어낸 대통령 리더십!
그 치열한 순간들이 이 책에서 생생하게 펼쳐진다!

북랩

"우리의 소원은 통일~ 꿈에도 소원은 통일~~"

이 노래가 낯설지 않게 불리어졌던 1988~1989년 그 시절의 이야기를 하고자 한다. '우리의 소원'은 1947년 처음 발표 당시에는 '우리의 소원은 독립'이라는 가사로 만들어졌다. 그러나 1948년에 대한민국 정부가 수립되고 남북의 분단이 현실화되면서, 교과서에 노래가 실릴 때에 '우리의 소원은 통일'로 가사를 바꾸었다고 한다. 그리고 오랜 기간 동안 남북한 구분 없이 애창되어 왔던 이 노래가 최근에는 참 낯설게 느껴진다.

바보야, 문제는 ○○이야!

"바보야, 문제는 ○○이야!" 한때 우리 사회를 풍미했던 말이다. 문제의 본질을 직설하지 않고 에둘러 둘러대는 사태를 꼬집는 말이다. 통일문제에 있어서 이 말을 사용한다면 "바보야 문제는 통일 이전에 국내 정치야!"라고 한마디로 말하고 싶다. 1945년 남북 분단 이래 1950년 6.25 전쟁을 겪은 후 1953년 정전체제가 아직까지 지속되고 있다. 그동안 무력 통일론을 거쳐 평화적 통일에 대한 여러 가지 스펙트럼 속에서 통일 과업의 해법에 대한 많은 고민과 노력이 있어 왔다. 최근에는 북한에서 '두 국가론'으로 상징되는 통일 무관심 내지 무시, 민족·통일 지우기도 진행되고 있는 것이 현실이다.

그러나 한반도 남북 통일문제는 지운다고 없어지는 것도 아니고 무관심하거나 무시한다고 괄시받는 문제는 더더욱 아니다.

다시 문제의 본질로 돌아가 보자. "바보야, 문제는 통일이야!" 한반도의 분단 남쪽 대한민국에 태어나 자란 사람이라면 누구나 의식적이든 무의식적이든 북한에 대한 뉴스 없이 온전히 평화롭게 살기란 쉽지 않다는 것을 알 것이다. 그래서 '문제는 북한이야!'라고 할 수도 있겠다. 그러나 문제가 북한이든 분단이든 통일이든 여기서 파생된 문제가 우리의 일상에 영향을 주는 것만은 분명하다. 이때 북한문제, 통일문제에 대한 해결책, 즉 대북정책, 통일정책은 어떻게 수립하여 추진할 수 있을까? 특히, 정권 변화와 관계없이 대북정책, 통일정책이 계승되어 추진되려면 무엇이 필요할까? 이것은 남북통일 이전에 남남 통합, 우리 사회 내에 보수 진영과 진보 진영 간의 정치적 공감대가 이루어져 있어야 한다. 여야 합의와 초당적 협력으로 상징되는 국내 정치적 통합, 즉 국민적 합의 기반을 가진 정책이어야 정권 교체에도 불구하고 계승되어 지속 추진될 수 있는 것이다.

왜 국민적 합의에 기반한 통일정책이어야 하는가?

저자는 북한 개성, 황해도 출신 실향민이신 부모님과 자라며 1992년부터 30여 년간 통일부에서 일해 왔기 때문에 자연스럽게 북한문제, 통일문제가 삶의 중심이었다. 지난 30여 년간 제6공화국(1988년~) 역대 정부는 한반도 정세 변화와 남북관계의 부침, 그리고 국민의 뜻에 따라 북한문제와 통일문제에 대한 정책의 기조와 내용이 달라져 왔다. 대통령이 바뀔 때마다, 특히 보수 진영과 진보 진영 간에 정권교체가 있을 경우에는 더욱 큰 폭으로 대북·통일정책의 중심이 바뀌어 왔다. 그에 따라 우리 사회 내에는 북한문제, 통일문제를 둘러싼 소위 '남남갈등'이 보수 진영과 진보 진영 간에 끊임없이 이어져 왔다. 국제사회가 탈냉전의 시기일 때에도 한반도는 여전히 6.25 전쟁의 잔재인 정전체제로 관리되어 진행되고 있다. 남북관계가 해빙의 시기일 때에도 대북·통일정책 추진은 국민적 합의로까지 이르지 못하고 대통령 선거 등을 거치면서 번번이 남남갈등을 야기하였고 악순환을 거듭하고 있다.

통일정책에 대한 국민적 합의는 어떻게 가능한가?

지난 30여 년간 역대 정부를 거치면서 지금까지 변하지 않고 계승되어 온 통일정책이 한 가지 있는데 그것은 바로 정부의 공식 통일방안인 『한민족공동체 건설을 위한 3단계 통일방안』(약칭 '민족공

동체통일방안)**1**'이다. 그 모태가 된 '한민족공동체통일방안'은 그 내
용도 의미가 있지만 그것이 만들어진 과정, 특히 국내 정치적으로
여야 모두의 합의를 거쳐 발표되었다는 점에서 더욱 의의가 있다.
1988년 제6공화국 첫 노태우 정부가 출범한 이래 한민족공동체통
일방안이 성안되어 온 과정과 1989년에 발표된 한민족공동체통일
방안이 국민적 합의에 이르게 된 가능 요인은 무엇인지? 이에 대
해 대통령 직선제를 채택한 제6공화국 헌법 체제에서 대통령 리더
십을 중심으로 그 해법을 찾아보고자 한다. 이 책이 던지는 질문과
메시지 또한 그것이다.

국민적 합의 형성에 대통령 리더십이 중요하다

대통령은 통일정책이 국민적 합의 기반을 가질 수 있도록 하는
데 무엇보다도 중요한 역할을 한다. 한민족공동체통일방안의 국
민적 합의 형성을 위해 노태우 대통령이 발휘한 리더십은 무엇인
지? 시민사회 및 정치권과 어떻게 소통했는지? 그것을 가능케 한
1988~89년 당시 대한민국으로 시간여행을 떠나보자.

국민적 합의에 기반한 통일정책이 통일의 그날까지 일관되게 추
진되면서 통일의 기반을 다져나가길 기대해 본다.

---

1   김영삼 정부가 1994년 발표한 '민족공동체통일방안'은 노태우 정부가 1989년 발표한 '한
     민족공동체통일방안'을 계승한 것이다.

"○○야! 문제는 통일보다는 '국민적 합의를 이루는 국내 정치'
야!"

2024년 11월
백태현

차 례

제1장

통일과 대통령 리더십

1-1.
대한민국에서 통일문제란?

통일논의의 전제는 진정한 민주화

통일문제에 대한 국민적 관심과 통일논의에 대한 국민적 여망이 공론화된 것은 '1988년 제6공화국 출범'이었다. 통일문제에 대한 국민적 관심의 제고에는 제6공화국을 탄생시킨 민주화 진전이 그 바탕에 있는 것이다. 다시 말하면 '통일논의의 전제는 진정한 민주화'라는 명제(김학준, 2023, 376)에서 보듯이 그 당시 대한민국은 '대통령 직선제'로 대표되는 국민들의 정치권력에 대한 민주화 요구가 분출하였고, 이는 분단국가의 분열과 갈등 극복이라는 민족통일문제의 논의와 그 해결방안의 모색 요구로까지 이어졌다. 민주사회에서 국가의 안전보장과 국민의 권리 의무, 복지가 걸려 있는 통일문제, 통일·대북정책 관련 중대 사안들이 국민적 합의를 바탕으로 하지 않고 일방적으로 추진될 수 없다. 설령 추진된다고 할지라도 국민적 합의 기반이 없는 정책은 실효성이 없어서 지속가능성이 보장되지 않는다.

 현행 1987년 헌법하에 탄생한 제6공화국은 노태우 대통령부터 시작되어 김영삼, 김대중, 노무현, 이명박, 박근혜, 문재인 그리고 윤석열 대통령에 이르고 있다. 제6공화국 역대 정부의 통일·대북정책도 각 정부별로 정부의 성향과 당시 한반도 정세를 반영하여 차이를 보여 왔다. 노태우 정부는 '민족자존과 통일번영을 위한 대통령 특별선언(7.7 선언)'과 '한민족공동체통일방안'을 발표하였고, 김영삼 정부는 이를 이어받아 '민족공동체통일방안'을 발표하였다. 김대중 정부의 대북·통일정책은 '화해협력 정책'으로 명명되었고, 노무현 정부에서는 '평화번영 정책'으로 불리어졌다. 이명박 정부의 대북·통일정책은 '상생공영 정책, 비핵·개방·3000'이었고, 박근혜 정부에서는 '한반도 신뢰 프로세스'로 명명되었다. 이것이 문재인 정부에서는 '평화와 번영의 한반도'로, 윤석열 정부에서는 '비핵·평화·번영의 한반도'로 대표되는 통일정책의 명칭으로 기술된 바 있다. 분단국가인 대한민국의 통일·대북정책 추진은 헌법상 대통령의 국정 의무일 뿐만 아니라 역대 모든 정부에서 주요 정책 의제로 자리매김하여 왔다. 그래서 역대 대통령은 취임 선서에서부터 '조국의 평화적 통일'의 성실 수행 의무를 국민들 앞에 엄숙히 약속하며 통일정책, 대북정책을 주요 국정목표 및 국정과제 중 하나에 포함시켜 추진해 오고 있다.

 그러나 통일문제, 남북관계 관련 이슈는 전쟁과 평화, 대결과 대화 등 상반되고 이질적인 요소를 함께 포함하고 있다. 따라서 한반도 정세 변화와 남북관계 상황에 따라 보수·중도·진보 진영의 인식 차이와 입장을 반영해 오면서, 때로는 사회적 갈등 이슈로, 때로는 사회적 통합 이슈로 작용하여 왔다. 여기에서 문제는 유효 투표수의 과반을 얻지 못하고 당선된 대부분의 제6공화국 대통령의 통일정책 및 대북정책 추진이 차기 정부로 계승되지 못하고 오히려 보수와 진보 진영 간의 이념 갈등 및 대결과 반목, 소위 '남남갈등'을 야기하는 기제로 작용하여 왔다는 것이다. 제6공화국 헌법은 대통령 직선제를 도입함으로써 대한민국 민주화에 크게 기여하였으나, 국민 과반수 찬성의 결선 투표제를 반영하지는 못하였다. 단 한 번의 대통령 선거에서 다수를 얻은 후보자가 대통령으로 당선된다. 지금까지 제6공화국 역대 대통령들의 득표율은 △노태우 36.64% △김영삼 41.96% △김대중 40.27% △노무현 48.91% △이명박 48.67% △박근혜 51.55% △문재인 41.08% △윤석열 48.56%로, 과반수를 넘은 것은 박근혜 대통령이 유일하다. 이와 같이 과반수에 미치지 못하는 지지로 당선된 대통령의 통일·대북정책의 추진은 사회 내 다양한 스펙트럼 사이의 갈등 요인을 내재하고 있고, 이는 정권 교체 시 정책이 계승되지 못하고 단절되는 형국으로 이어져 왔다. 이렇게 보수·진보 진영 간의 남남갈등이 계속되고 있는 대한민국에서 이에 대한 국민적 합의 창출은 가능한가? 다르게 표현하면 왜 통일·대북정책에 대해 국민적 합의를 마련하는 것이 쉽지 않은가?

이 질문에 대한 답을 국민적 합의에 기반하여 발표한 한민족공동체통일방안에서 찾고자 한다. 1989년 노태우 대통령이 한민족공동체통일방안을 발표할 당시에 여야 합의를 통한 국민적 합의 기반을 마련하였는데, 이것은 어떻게 가능할 수 있었을까? 현재 대한민국 정부의 공식 통일방안인 '한민족공동체 건설을 위한 3단계 통일방안'(약칭 '민족공동체통일방안')은, 노태우 정부에서 당시 제도권 4개 정당인 민주정의당, 평화민주당, 통일민주당, 신민주공화당이 합의한 '한민족공동체통일방안'에 기반한 것이며, 김영삼 정부가 이를 보완하여 1994년 발표한 이후 역대 정부가 변함없이 이를 계승해 오고 있다. 이는 국민적 합의 기반을 가진 통일방안은 정권 변화와 관계없이 계승되고 지속 가능하다는 점을 보여준다.

통일논의의 특성, 이중성

남북 통일문제와 통일정책은 다른 정책과 달리 분단 현실의 안정적 관리, 즉 '현상 유지'와 평화적 통일을 향한 '현상 변화'를 포괄하고 있다. 여기서 분단국가인 대한민국은 상황적 이중성에 직면해 있는 것이다. 한편으로는 6.25 전쟁 이후 대결 반목으로 점철된 현실에서 국가 안보와 국민의 안위와 복지를 확실하게 지켜나가면서 국가 발전을 이루어야 하고, 다른 한편으로는 한반도 통일 미래를 이루기 위해 남북관계를 개선 발전시켜야 하는, 두 가지 과제에 직면해 있는 것이다. 또한 1980년대 말 당시 국제정세는 미·소 간의 신 데탕트 분위기와 사회주의 종주국인 소련과 중국의 개혁·개방 운동 등 긴장완화로 가는 데 반하여 한반도에는 여전히 긴장이 감돌고 있는 상황의 이중성이 있었다. 그 당시 '남조선해방'이란 목표에 집착하고 있었던 북한도 전체주의 체제 유지를 위한 폐쇄정책의 고집과 사회주의 국가들조차 수용하고 있는 개방·개혁정책의 채택 필요성이라는 이중성의 딜레마에 있었다. 이러한 한반도의 이중적 특성으로 인하여 통일논의 및 남북문제를 다루는 통일·대북정책이 정책적 자율성을 갖기에는 내재적 취약성이 있었다. 정책의 정당성 및 지속가능성 측면에서도 보수 진영과 진보 진영 간에 갈등을 야기할 소지가 많았다. 이를 극복하기 위해 우선 필요한 것이 국내 정치적으로 정책에 대한 국민적 합의이다. 즉, 우리 스스로 북한문제와 통일문제를 해결할 역량을 갖기 위한 첫 단계는 국내적으로는 나뉜 여론을 하나로 모으는 통일·대북정책에 대한 국민적 합의이다. 국민적 합의와 북한에 대한 충실한 이해를 바탕으로 국제사회에서 북한문제 해결에 대한 주도권인 대외적 자율성을 가질 수 있는 것이다.

통일정책에 대한 국민적 합의란?

통일정책은 통일방안을 포함하여 통일문제를 해결하고자 정부에 의해 결정된 행동 방침이다. 통일방안은 통일에 대한 정부의 입장, 통일의 원칙, 통일에 대한 접근방식 등을 포괄하여 이를 행동지침으로 만든 설계도이다. 다시 말하면 통일정책은 통일에 유리한 환경을 조성하면서 남북관계를 관리하고 개선해 나가려는 정부의 정치적 선택인 동시에 그것의 구체적 표현이다. 통일정책은 남북 분단의 현 상황에서 통일을 지향하는 변동성을 전제로 하기 때문에 변화 상황에 반대하는 세력이 있을 수 있다. 또 통일지향의 방향에 찬성하더라도 그 변화의 속도나 방법에 있어서 서로 다른 인식의 차이가 있을 수 있다. 이런 다양성과 차이 때문에 통일정책에 대한 국민적 합의 내지 공감대를 이루는 것이 어렵다.

'국민적 합의'는 사전적 의미로 국민 대다수에 의하여 공유되는 합의를 말한다. 국민적 합의는 정치사회적으로 보면 크게 여권 진영과 야권 진영의 의견이 수렴되어 국민 다수의 공감대와 지지를 바탕으로 형성되는 것이다. 단순하게 말하면 여권과 야권의 합의라고 볼 수 있다. 제도적으로 접근하면 국민의 대의기관인 국회에서 여당과 야당 간의 초당적 협력으로 정책에 대한 국민적 합의 형성을 이룰 수 있는 것이다. 한민족공동체통일방안이 국민적 합의를 거쳤다는 것도 그 당시 여·야 4당 합의로 채택된 통일방안이었기 때문일 것이다. 통일정책의 수립과 추진에 있어서 국민적 합의 형성이 중요한 것은 다른 정책보다도 사회적 갈등 요소를 갖고 있는 통일정책, 대북정책의 특성에 있다. 보수 진영과 진보 진영을 아우를 수 있는 것이 여·야권 간의 합의 형성 내지 공감대 도출이기 때문이다. 따라서 국민 대다수의 동의를 얻는 실질적인 국민적 합의 방법은 여·야 간 합의 내지 초당적 협력을 구하고 시민사회와의 소통을 강화해 나가는 것임을 알 수 있다. '국민적 합의'의 개념을 〈그림 1〉과 같이 정부·여당과 야당의 합의는 물론 여권·야권 시민사회와의 공감대를 형성하는 광의의 의미로 볼 수 있다. 이는 통일문제를 국가나 정치체제 이전의 민족공동체, 민족사회의 회복으로 바라보는 한민족공동체통일방안의 열린 입장과 궤를 같이 하는 것이다.

〈그림 1〉 통일정책에 대한 '국민적 합의' 영역 표시

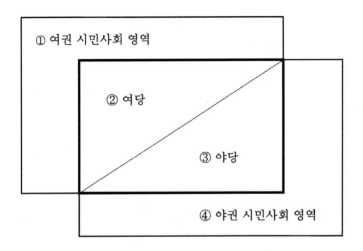

① 여권 시민사회 영역

② 여당

③ 야당

④ 야권 시민사회 영역

※ 국민적 합의 = 여·야 합의(②, ③) + 여권·야권 시민사회 영역(①, ④)

1-2.
통일과 대통령 리더십의 역할

개인 지도자의 리더십 중요성

대한민국의 통일방안·정책에 영향을 주는 요인은 크게 국제적 환경과 국내적 상황 그리고 그 속에서 행동하는 개인 등 세 가지로 나누어 볼 수 있다. 그중에서도 통일정책에 대한 국민적 합의 형성 측면에서 보면 국제적 요인보다 국내 정치적 요인, 그중에서도 개인 지도자, 대통령의 리더십이 중요한 역할을 한다고 본다. 왜냐하면 대통령은 통일정책의 최고 정책결정권자이며, 국가의 행동을 결정하고 정치권과 협상하며 국민과 소통함에 있어서 대통령의 리더십을 발휘하기 때문이다.

그동안 국제정치학에서는 '구조적 현실주의'[2]가 주도적인 입장

---

2 '구조적 현실주의'는 행위자들 사이에 상호작용에 의해 발생한 '국제체계 구조'의 제약력이 중요하다는 입장이다.

에 있었다. 이 분야의 대가인 왈츠(Kenneth N. Waltz)는 인간의 본성
(human nature)에 대한 탐구에서 국제정치의 속성을 끌어낸 것이 아
니라, 국제체제(international system)라고 하는 구조적 차원에서 국제
정치를 보았다. 이러한 국제시스템의 압도적인 영향력 때문에 그
동안 개인 지도자 리더십의 중요성에 대한 논의가 상대적으로 충
분치 못했다.

그럼에도 불구하고 모겐소(Hans J. Morgenthau)가 제시한 고전적
현실주의는 국제정치에서 외교의 역량을 강조하면서 국가이익 실
현과 국력을 최대화할 수 있는 지도자 개인 리더십의 중요성에 대
해 논의해 왔다. 그는 국제사회가 무정부 상태로 존재하며 무정부
상태에서 국가의 행동 양상에 가장 큰 영향을 주는 것은 인간(지도
자)이라 주장한다. 모겐소는 국가이익을 국가공동체가 추구하는
가치와 목적의 실현이라는 차원에서 사고하였고, 대외뿐만 아니
라 대내적으로도 국익에 대한 사회적 합의를 창출하는 문제에 대
해 비중 있게 연구하였다. 특히 사회적 합의를 이루어 나가는 과정
에서 개인 리더십의 중요성을 강조하였다. 지도자는 '다스리려는
의지(will to govern)'를 갖고 양극단 사이의 균형을 잘 유지하는 역할
을 해야 하며, 여론에 따라가기보다는 정책 이니셔티브를 장악하
고 여론을 적극적으로 선도해야 한다고 설명한다. 즉, 정치지도자
는 폭력적 억압의 방법보다는 적극적 정책홍보와 논리로써 선동
에 대응해야 한다. 이 과정에서 국가의 목적과 시대적 사명에 대한
합의 창출을 위해 노력해야 한다며 지도자의 리더십 역할에 대해
평가하였다.

한편, 바이만(Daniel L. Byman)과 폴락(Kenneth M. Pollack)은 지도자

개인의 리더십 역할이 국가의 행동 결정에 중요하다며 외교정책 결정 과정에서 리더십 역할에 대해 4개 카테고리와 13개 가설로 분석한 바 있다.[3] 개별 지도자들은 국가의 목표와 능력뿐만 아니라 필요한 자원의 활용 방식, 동맹의 형성·파기 등 국가의 전략을 형성한다. 그러기 때문에 개인의 성격이 국정 운영에도 중요하다고 설명한다. 개인은 일반적으로 제도화가 미약한 권위주의 정권에서 더욱 영향력을 발휘하며, 강력한 제도가 있더라도 예외적으로 카리스마 있는 지도자는 이를 극복할 수 있다. 또한 주변 환경 상황이 유동적일 때, 즉 거대한 변화의 시기에 개인이 더 중요하다는 것이다. 결론적으로 국제정치에서도 여전히 거인 지도자의 리더십이 중요하게 작용한다는 것이다.

역사적으로는 핵무기를 가진 미국과 소련이 냉전 시기에 벌인 쿠바 미사일 위기 사례를 들 수 있겠다. 1962년 10월 22일부터 11

3　△첫 번째 카테고리는 '지도자는 국가의 행동을 결정하기 때문에 정책결정 과정에서 중요하다'는 전제 하에, 4개 가설로 1) 지도자는 국가의 최종적인 목적을 설정한다. 2) 지도자는 국가의 외교적 영향력과 군사력의 중요한 요소다. 3) 지도자는 국가의 전략을 설정한다. 4) 지도자는 그 의도와 능력에 대응해야 하는 상대국의 행동에 영향을 미친다고 한다.
　　△두 번째 카테고리는 '지도자는 어떻게 중요한가?'라는 대질문 아래 5) 지도자의 위험수용 경향이 크면, 그 국가는 전쟁을 야기할 가능성이 크다. 6) 지도자가 망상에 사로잡혀 있으면, 그 국가는 불필요한 장기전을 수행한다. 7) 지도자의 비전이 과대하면, 그 국가는 국제질서를 불안정하게 할 가능성이 높다. 8) 지도자가 예측가능하면, 그 국가의 동맹은 강하고 지속적이라고 한다.
　　△세 번째 카테고리는 '지도자는 어떤 조건에서 영향력이 강하게 되는가?'라는 대질문 아래 9) 지도자에게 많은 권력이 집중되어 있으면, 그의 성격이나 선호의 영향이 커진다. 10) 지도자의 영향은 국내 정치가 불안정하거나 모호할 때 더 커진다. 11) 지도자의 영향은 주변 환경 상황이 유동적일 때 더 중요해진다는 것이다.
　　△네 번째 카테고리는 세 가지(인간, 국가, 국제구조) 이미지의 상호 작용에 관한 것으로 12) 지도자는 국가의 성격과 구조에 영향을 미칠 수 있다. 13) 지도자는 국제구조의 성격과 구조에 영향을 미칠 수 있다는 가설을 두고 이를 검증하였다.

월 2일까지 11일간 미국과 소련은 쿠바에 소련의 핵탄도미사일을 배치하려는 시도를 둘러싸고 대치하면서 제2차 세계대전 이후 핵전쟁 발발 직전까지 갔었던 위기 상황이 있었다. 이와 관련하여 미국 정치학자 앨리슨(Graham T. Allison)은 그 당시 미국의 최고정책 결정자들이 왜 쿠바섬의 해안봉쇄(blockade) 결정을 했는지를 설명하면서, 통일·외교정책이나 국방정책과 같이 국가 전체의 운명과 관계되는 중요한 문제에 대해서는 최고지도자가 조직의 두뇌와 같이 명령하고 지시하며 정부 전체가 합리적 의사결정을 한다고 분석하였다. 즉, 쿠바 미사일 위기 상황에서 당시 미국 케네디 대통령과 소련의 흐루쇼프 서기장의 리더십과 의지가 가장 큰 역할을 했다며 지도자의 리더십에 의미를 부여하였다. 다른 정책보다도 불확실성과 유동성이 많은 대북·통일정책의 경우에 개인 지도자의 역할이 더 중요하게 작용할 여지가 있는 것이다.

통일 관련 대통령 리더십의 중요성

대통령중심제에서 대통령의 권한은 막강하다. 미국이나 한국과 같은 대통령중심제 하에서 대통령의 권한은 가히 '제왕적'이다. 국가의 운명과 일반 국민의 삶에 가장 영향력을 미치는 한 사람을 선택하라고 한다면 누구든 대통령을 말할 것이다. 대통령은 국민을 대표하며 국가를 보위한다. 대통령은 행정부의 수반이며 국군통수권자이고 대외정책을 결정하고 국가 정책을 이끄는 지도자로서 중요한 역할과 위치를 차지하고 있다. 대통령은 국익을 지키고 사회·문화·경제를 발전시키는 주요 정책을 결정하는 역할을 수행하고 있다. 민주국가에서 국민의 대의기관인 국회와 행정부와의 협력, 특히 국회 내 초당적 협력과 정치적 협상 및 타협이 국민들의 일상생활에 큰 영향을 미친다. 또 대통령의 권력은 국민의 일상생활에 지대한 영향을 미친다. 민주국가에서 의회와의 협력 또는 의회 내의 협상과 타협이 중요한 개입 변수로 작용하지만, "대통령의 강력한 이니셔티브에서 비롯된 정치 과정은 시민들의 삶과 관련한 기본적인 득실 구조와 그것에 대한 계산을 바꿔놓을 수 있다"(박건영, 2021, 321). 이러한 대통령의 결정에 따라 통일·외교·안보는 물론 국내 정치와 경제, 사회문화적 관계도 크게 달라질 수 있으며, 이를 통해 국민의 삶에 미치는 영향력은 간과할 수 없다. 바버(James D. Barber)는 그의 저작『대통령의 캐릭터』에서 제1장 제1절의 제목을 "성격은 대통령의 성과를 빚어낸다(Personality shapes performance)"로 기술하였다. 이와 같이 대통령이 어떠한 캐릭터와 리더십을 갖고 있느냐가 대통령의 성과에 영향을 미치며 따라서 이는 국민적 관심사일 수밖에 없는 것이다. 정치지도자가 어떤 조건과 상황에서 어떠한 세계관과 정치 스타일을 갖고 해당 분야에 대한 관심과 경험, 전문성 및 환경에 대한 민감성이 어느 정도인지에 따라 결정되는 정책도 달라질 것이다. 이것은 통일정책과 유사점이 있는 외교정책의 결정에 있어서 대통령의 주의력과 그의 가치관이 외교정책 형태의 차이를 설명하는 가장 중요한 요인이라고 주장하는 입장과 맥을 같이 한다. 이에 대해 크래스너(Stephen D. Krasner)는 "관료의 독립적인 정책수립 능력은 대통령의 주의력(presidential attention)의 함수이고, 대통령의 관심은 그의 가치(presidential values)의 함수이다."라고 표현하였다. 즉, 대통령이 어떠한 분야에 관심을 갖고 있으며 어떠한 통치·통일철학과 가치관을 겸비하고 있느냐가 통일·대북정책의 기조와 형태를 결정하고 의제를 설정한다는 것이다. 대통령은 국내 정치와 대외환경이 제공하는 공간과 압력 속에서도 통일·대북정책을 설정하며 국가의 행동을 결정하고 추진해 나가기 때문에 가장 큰 영향력을 갖고 있는 것이다.

강력한 대통령제에서는 대통령이 어떠한 리더십을 발휘하느냐가 국민들의 이해관계와 삶의 질에 큰 영향력을 미친다. 국가원수이며 행정부의 수반인 대통령의 영향력은 통일·외교·안보의 영역에서 더욱 부각된다. 대통령이 어떤 통일철학을 갖고 있는지는 대단히 중요하다. 왜냐하면 통일문제는 대통령의 주요 관심사이며 역사적·국가적 과업이며, 대통령은 주요 국가 전략 중 하나인 통일정책을 결정하는 최고의 정책결정권자이기 때문이다. 예를 들어 분단국가인 대한민국이 북한을 전쟁·대결의 상대, 즉 주적으로 규정하고 제어·억지나 고립의 대상으로서 대북 강경정책을 쓸 수 있다. 이와 반대로 북한을 평화 통일의 상대방, 즉 대화와 협상·관여의 상대로 보고 대북 포용적 유화정책을 쓸 수도 있다. 대통령이 어떤 사안에 대해 어떠한 입장과 결정을 하느냐에 따라 통일·외교·안보 주요 정책은 물론 국내 정치와 경제, 사회문화적 관계도 크게 달라질 수 있으며, 이를 통해 국민의 삶에 미치는 영향력은 결코 무시할 수 없다.

국민적 합의를 가능케 한 대통령 리더십

한 나라의 대통령이라면 갖추어야 할 바람직한 규범적 리더십에는 어떠한 것을 생각할 수 있을까? '한국 대통령이 갖추어야 할 규범적 리더십 덕목'으로 ① 도덕성 ② 신의 ③ 지식 ④ 겸손 ⑤ 공평성 ⑥ 위기관리능력 ⑦ 커뮤니케이션능력 ⑧ 의사결정능력 ⑨ 동기유발능력 ⑩ 국민우선적 사고 등 10가지로 정리한 연구가 있다(신진우, 2006, 124).

하지만, 대통령이 어떤 정책, 특히 보수와 진보 진영 간에 남남갈등이 있는 대북정책, 통일정책에 있어서 국민적 합의를 만들어가는 데 필요한 대통령의 리더십 역할은 뭔가 특별한 요인이 있을 것이라고 생각한다. 통일정책은 분단국가의 특수성, 즉 남한과 북한 '쌍방 사이의 관계가 나라와 나라 사이의 관계가 아닌 통일을 지향하는 과정에서 잠정적으로 형성되는 특수 관계'로 규정(남북기본합의서, 1992)하고 있는 남북관계와 분단을 넘어 통일에 이르는 모든 과정을 다룬다. 이러한 남북관계의 특성과 현상 변경의 속성을 가진 통일정책을 수립하고 지속해서 추진해 나가기 위해서는 국민적 합의에 기반하여야 한다.

특히 노태우 정부에서 한민족공동체통일방안의 성안 사례에 국한하여 볼 때 이에 대한 국민적 합의를 가능하게 한 요인을 대통령의 리더십을 중심으로 다음 세 가지로 크게 나누어 볼 수 있다.

첫째로 대통령의 국민소통(public communication) 리더십이다. 지도자가 소통지향적일수록 극좌·극우 극단세력에 대한 견제·억제를 통해 국민적 공감대를 형성할 가능성이 커진다는 것이다. 통일문제에 대해 자유로운 대화와 논의가 가능할 수 있도록 극단세력을 견제하며 국민 여론이 자생 순환할 수 있는 여건을 만들어 줄 필요가 있다. 통일정책에 대한 국민적 합의 과정에서 국민 다수의 의견 수렴과 국민적 공감대 형성은 중요하며, 이를 위해 국민과 쌍방향으로 함께 하는 국민소통의 리더십이 있어야 한다. 통일문제에 대해 국민들은 다양한 인식 스펙트럼을 가지고 있다. 8.15 광복 이후 남북 분단의 역사는 물론, 현재의 남북관계와 미래의 한반도 통일이라는 현실적 인식도 얽혀 있고, 또 그것을 바라보는 이념적 차이도 존재하고 있다. 이런 상황에서 노태우 대통령이 어떤 소통 원칙과 방법을 가지고 시민사회와 소통했는지, 특히 새로운 통일 방안에 대해 각계각층의 다양한 국민적 관심과 의견들을 수렴하고 공감대를 형성하며 이를 통일정책에 반영하기 위해 발휘된 것이 국민소통의 리더십이다.

둘째는 대통령의 정치협상(political bargaining) 리더십이다. 지도자가 포용적이면서 여권 내 반발 세력에 대해 통제력을 가질수록 대야 협상력이 커진다. 대통령이 포용적인 정치협상 리더십을 발휘할 때 야당 대표와의 대화는 물론 야당과의 초당적 협력과 협치의 토대가 만들어진다. 대통령의 정치협상 리더십은 한편으론 여권 내 반발 세력에 대한 통제의 리더십을 포함한다. 통일정책에 대한 국민적 합의 과정에서 여야 합의는 중요하며, 이를 위해 야당과의 협치·협력 마인드를 갖고 정책 동반자로서 야당과 국정을 함께하는 정치협상 리더십이 있어야 한다. 이는 노태우 대통령이 야당 대표를 비롯하여 야당에 대해 취하였던 대화와 타협의 정치협상의 리더십은 물론, 여당 내 반발세력을 통제하기 위해 발휘된 리더십

이다. 노태우 정부와 함께 출범한 제13대 국회는 대한민국 헌정사
상 최초로 여소야대 다당제 국회로 구성되었다. 그러나 여소야대
정치구조만으로 당연히 여·야 간 초당적 협력과 협치가 이루어지
는 것은 아니다. 노태우 대통령이 여·야 간 초당적 협력과 협치 기
반을 마련하기 위해 발휘한 것이 정치협상의 리더십이다.

셋째는 대통령의 의제설정(agenda-setting) 리더십이다. 지도자는
국가의 행동을 결정하며 국가의 통일정책 의제를 설정하는 통일·
외교·안보 역량에 중요한 요소이다. 헌법상으로도 평화적 통일정
책을 수립하고 추진해야 하는 것이 정부의 책무이면서 국가 원수
겸 행정부의 수반인 대통령의 성실 의무로 규정되어 있다. 즉 대한
민국에서 대통령은 통일전략과 통일정책의 최고 최종의 의사결정
권자이며, 이와 관련된 의제설정의 리더십을 발휘한다. 노태우 대
통령이 정부 출범 이후 구상하고 구체화한 통일정책의 수립과 추
진에 있어서 발휘한 리더십이다. 1988년과 1989년 당시 통일문제
에 대한 정책은 한반도를 둘러싼 내외적 환경과 이에 대한 국민적
인식, 그리고 한(韓)민족에게 유리한 방향으로 활용할 수 있는 방안
모색이라는 세 가지 측면에서 종합적으로 검토되어 설정되었다(이
홍구, 1990, 11).

1-3.
대한민국 헌법상 통일 관련 대통령의 책무

　현재 대한민국 헌법은 제6공화국 헌법이다. 동 헌법은 1987년 6월 29일 제5공화국 대통령 후보였던 노태우 민주정의당 대표위원의 '6.29 선언'을 계기로 본격 개헌 작업이 시작됨으로써 탄생했다. 그 당시 정치권에서 대통령 직선제를 중심으로 한 헌법개정이 논의되었다. 여·야 간에 민정당 4인, 통일민주당 동교동계와 상도동 계 각 2인씩으로 구성된 '8인 정치회담'에서 헌법개정 논의가 실질적으로 이뤄졌다. 8인 정치회담은 1987년 8월 1일부터 9월 16일까지 진행되었고, 여기에 참여한 민주정의당 의원 4명은 권익현, 윤길중, 이한동, 최영철이고, 통일민주당 의원 4명은 김동영, 박용만, 이용희, 이중재였다. 그런 점에서 1987년 헌법은 기본적으로 노태우, 김영삼, 김대중이라는 여야 정치지도자 3인의 정치적 협의의 산물이었다는 평가가 나온 배경을 알 수 있다. 이들이 개헌에 합의한 이후 거의 한 달 반 만에 개헌안에 합의할 수 있었던 것은 직선제 대통령 선거라는 공동의 민주화 목표가 있었기 때문이다. 이렇게 약 한 달 반만에 속전속결로 개헌 협상이 완전 타결되었고, 1987년 9월 18일에 여야 공동으로 헌법개정안이 국회에 발의되었다. 그리고 10월 12일 의결된 개헌안은 10월 27일 국민투표로 확정되었고, 10월 29일 공포되었다. 6.29 선언 이후 4달 만에 대한민국의 골격을 결정하는 헌법이 확정된 것이다.

헌법개정 과정에서 나타난 노태우, 김대중, 김영삼, 김종필 정치지도자의 영향력은 그 이후 대통령 선거 및 국회의원 선거 과정을 거치며 지역적 기반을 바탕으로 더욱 견고해졌다. 1980년대 말에 구축된 대한민국 정치지도자의 영향력과 상호 협치력은 노태우 정부의 한민족공동체통일방안의 국민적 합의 형성 과정에서도 핵심적인 역할을 하였던 것이다.

제5공화국 헌법까지의 통일 관련 규정

1948년 제정 헌법부터 1971년까지 대한민국 헌법에는 평화통일의 근거가 되는 헌법규정을 명시하지는 않았다. 그 대신 "대한민국의 영토는 한반도와 그 부속도서로 한다"는 영토조항이 1948년부터 지금까지 이어져 오면서 북한지역을 실지(失地) 회복의 대상으로 규정하는 동시에, 북한을 반국가단체로 규정한 국가보안법의 근거로 작용하였다. 더구나 대통령의 통일정책은 1987년 헌법개정 시까지 모든 정부에 있어서 초헌법적 통치행위로 확립되었다(정영화, 2010, 255-287). 제5공화국까지는 정부가 북한 및 공산권 관련 모든 정보를 독점하며 통일정책을 정부의 독점적 영역으로 설정하고 민간 차원의 통일논의를 엄격히 금지해 왔다. 그동안의 통일문제는 국가안보 및 북한의 대남혁명전략에 대한 대응 차원에서 지나치게 소극적이고 통제적·억압적이었기 때문에 통일문제에 대한 정부의 조치에 불신이 많았다. 또한 통일논의에 대한 국민적 공감대 및 국민적 합의를 형성할 수 있는 분위기나 여건이 이루어지기 어려웠다. 이는 동족상잔의 비극인 한국전쟁 이후 정전 상황에서도 남북 간에 대결과 반목이 계속되어 왔기 때문이다. 그리고 통일·대북정책의 추진에 있어서도 그동안 숨겨져 온 국내 보수·진보 간 갈등 구조가 표출되는 여건과 환경이 형성되지 않았고, 또한 이를 감당할 국내외적 기반도 갖추어져 있지 않았기 때문이다.

제5공화국까지 정부 주도의 통일논의에서, 우리 사회의 민주화 진전에 따라 제6공화국이 탄생하면서 시민사회의 통일문제 논의 및 참여 요구가 지속적으로 확대되어 왔다. 제6공화국 출범을 전후로 하여 비로소 시민사회와 정치권의 통일문제 논의도 활성화되었다. 그리고 이러한 민주화를 반영하여 헌법이 평화적 통일정책을 명시적으로 규정하는 데까지 나아갔다.

제6공화국 헌법상 통일 관련 규정

제6공화국은 헌법에 통일과 관련한 여러 조항을 규정함으로써 통일이 관념의 문제, 당위론적 차원을 넘어선 현실적 실천과제임을 명확히 하였다. 1980년대 말 국내 민주화 과정에서 정권의 정당성 제고와 더불어 통일논의의 공개적·개방적 여건이 조성되었다. 그리고 국제적으로도 동·서 진영이 화해하고 공산권의 개혁과 개방이 진행되면서 한반도에서도 통일정책을 추진하기 유리한 환경이 조성되었다.

헌법은 국민적인 관심사인 통일문제에 대해 크게 세 가지 규정을 두었다. 우선 현행 헌법 전문(前文)에 "조국의 민주개혁과 평화적 통일의 사명에 입각하여"라고 언급되어 있다. 헌법 제4조에는 "대한민국은 통일을 지향하며, 자유민주적 기본질서에 입각한 평화적 통일정책을 수립하고 이를 추진한다"라고 명시하고 있다. 즉, 통일에 관한 헌법적 원칙은 자유민주적 평화통일이고, 이를 대한민국 국가책무로 규정하고 있다. 헌법상 지향하는 통일 원칙이 '자유민주적 기본질서에 입각한 평화적 통일'이라면 자유민주주의 체제에 필수적으로 요구되는 국민의사 형성의 절차라고 할 논의의 개방성 및 국민적 참여 방안이 충족되어야 한다. 마지막으로 대통령과 관련하여서는, 헌법 제66조 ③항에 "대통령은 조국의 평화적 통일을 위한 성실한 의무를 진다"라는 의무 부여 규정과 헌법 제69조에 "나는 헌법을 준수하고 국가를 보위하며 조국의 평화적 통일과 국민의 자유와 복리의 증진 및 민족문화의 창달에 노력하여 대통령으로서의 직책을 성실히 수행할 것을 국민 앞에 엄숙히 선서합니다"라는 대통령 취임 선서 문구 규정이 있다.

대한민국은 남북 간 분단의 현실을 안정적으로 관리해 나가는 한편 평화적 통일을 지향하는 상황적 이중성에 직면해 있다. 이것으로부터 한편으로는 6.25 전쟁 이후 불안정한 정전 상황에서 국가안보와 국민의 안위·복지를 확실하게 지켜나가면서, 다른 한편으로는 한반도의 통일 미래를 이루기 위해 남북관계를 개선 발전시켜 나가야 하는 두 가지 과제에 직면해 있는 것이다. 이는 노태우 정부가 출범한 1988년 당시나 30여 년이 지난 지금이나 크게 달라진 것이 없다.

대한민국 헌법은 이러한 남북관계 상황의 이중성을 반영하여 제3조에 영토조항과 제4조의 평화적 통일정책 조항을 함께 두면서 조화와 균형을 이루고 있음을 알 수 있다. 북한에 대해 '반국가단체'이면서 '교류·협력의 대상자'라는 양면성을 모두 인정한 것이다. 분단국가인 대한민국이 통일문제와 관련하여 갖고 있는 이러한 특성은 통일정책의 추진이 공동체 전체의 운명과 직결된 중요한 전략적 과제일 뿐만 아니라 이를 실천하는 과정에서 국민적 합의에 기반한 민주적 원칙과 절차에 따라 이행되어야 한다는 점을 의미한다.

헌법상 '대통령의 평화적 통일' 책무

헌법 제4조와 제66조에 근거하여 '평화적 통일'은 국가의 헌법상 의무이며 대통령에게 부여된 헌법상 책무이므로 반드시 이행되어야 한다. 헌법상 평화적 통일정책이 정권 변화와 관계없이 일관되게 추진되려면 국민적 합의 기반에 근거한 통일정책이 돼야 한다. 대통령제에서는 대통령이 속한 정당과 국회의 다수당이 다른 경우가 있으며 이때 국회가 대통령이나 행정부의 의도대로 움직이지 않을 가능성이 있다. 대한민국과 같이 강력한 대통령제에서는 대통령이 야당과 대화할 의지 및 협치 마인드를 가지고 있는지, 있다면 야권의 참여와 호응을 유도하는 역량을 어떻게 발휘하는지에 따라 대통령의 평화적 통일 성실 의무 수행에 대한 성과와 평가가 크게 달라질 수 있다. 정권에 따라 흔들리지 않고 일관되게 평화통일정책이 추진력을 가지려면 정책결정 과정에 반드시 국민적 합의 과정이 있어야 한다는 것이다. 냉전 및 권위주의 시기에 억눌려 있었던 통일문제에 대한 계층적·계급적 갈등 구조가 민주화 과정에서 표면화되고 충돌하는 상황에서 통일문제 논의에 대한 국민적 공감대를 형성하고 국민적 합의 기반을 마련해야 하는 과업이 제6공화국 헌법상 대통령에게 부여된 것이다.

요약 통일과 대통령 리더십

□ 민주화의 진전과 더불어 출범한 제6공화국에서 통일문제에 대한 논의도 활성화되었다.

□ 통일문제는 분단 현실의 안정적 관리와 통일을 향한 변동성 등 이 중적 특성을 가진다. 이 때문에 보수·진보 진영 간에 갈등을 야기 할 소지가 많으며, 정책적 자율성과 지속가능성 측면에서 내재적 으로 취약하다. 통일정책에 대한 국민적 합의는 이런 취약점을 보 완해 줄 수 있다.

□ 평화적 통일에 대한 국가와 대통령의 책무가 처음으로 제6공화국 헌법에 명백히 규정되었다. 국가 원수이자 행정부의 수반인 대통 령의 영향력은 통일·외교·안보 영역에서 막강하다. 통일정책을 설 정하고 국민적 합의를 형성하는 데 있어서 대통령의 리더십 역할 이 결정적으로 작용한다.

제2장

시민사회와 대통령의
국민소통 리더십

2-1.
시민사회와의 통일논의 소통 원칙

제6공화국 출범 전부터 민주화의 진전과 더불어 민간 차원에서
도 통일문제에 대한 논의가 활성화되었고 이는 사회 내에 급진적
통일논의로까지 확산되었다. 노태우 대통령은 이러한 국민들의
통일에 대한 여망과 관심을 반영하여, 이전 권위주의 정권과 달리,
통일정책을 대전환하고 헌정질서 내에서 통일논의를 개방하였다.
한편 노태우 정부는 새로운 통일방안 마련을 위해 국민의 다양한
의견을 수렴하면서 시민사회와 소통하고자 하였다.

시민사회와의 통일논의 소통 원칙

노태우 대통령은 민주화로 탄생한 제6공화국 초대 대통령으로
서 국민들의 통일문제에 대한 논의에 대해 부정적인 입장이 아니
었다. 시민사회와의 통일논의 소통에 대해서는 사회 각 부문의 자

치와 자율을 최대한 보장한다는 기본 원칙을 갖고 있었다. 이는 노태우 대통령 후보 시절 '6.29 민주화 선언'의 내용이기도 하다. 노태우 대통령은 취임사에서도 "새 정부는 다원화된 사회 각 부분이 생동력에 넘친 자유를 누리며 스스로의 권능을 다할 수 있도록 도울 것"이라고 밝힌 바 있다. 당시 정한모 정부 대변인이 1988년 6월 2일 '통일논의 개방과 대북접촉창구의 일원화' 관련 정부 입장을 발표하면서 '민주화 추진 기본방침에 따라 앞으로 통일문제에 관한 논의를 적극 개방하고 건전한 통일논의의 활성화를 뒷받침하기 위해 북한이나 공산권 관계 자료의 개방도 점차 확대'한다는 입장을 정하였다. 그때까지는 북한에 대한 정부의 정보독점이 민간 차원의 연구나 논의 수준을 제약하고 국민여론의 형성을 저해해 왔다. 통일논의의 수준과 영역을 넓혀줄 정보와 자료의 개방에 대한 열린 입장은 전향적인 통일정책의 전환을 의미하였다. 통일논의의 전제는 진정한 민주화라는 명제에서 보듯이 민주화의 진전과 통일문제에 대한 논의는 부합되어야 한다는 것이다.

한편 노태우 대통령은 통일논의에 대해 헌정질서에 기초를 두고 실정법 테두리 안에서 이루어져야 하며 통일정책의 수행과는 명확히 구별되어야 한다는 입장을 갖고 있었다. 이는 국민을 일방적으로 이끌어가지도 않고, 국민과 함께 생각하며, 그렇다고 이끌려 다니지도 않는 대통령이 되겠다는 본인의 소신과 궤를 같이하는 것이었다. 즉, 통일논의의 내용과 방향이 헌법에 부합하여야 한다는 것이다. 통일논의를 일부 급진세력이 교조적으로 이끌어가서는 안 되며, 일부 재야 세력이 표방하는 무조건적 통일론도 배척한다는 것이다. 한편 북한이 대남 적화통일 전략을 가졌기 때문에 늘

경각심을 가져야 하지만, 그렇다고 보수 강경 세력이 시민사회를 통제하려는 과거 권위주의적 태도로의 회귀에 대해서는 억제하는 입장을 나타내었다.

노태우 정부는 남북 간의 대결 관계를 청산하고 평화통일의 기반을 다져나가기 위해 남북한 간의 인적·물적 교류의 실현이 이루어져야 한다는 기본적인 원칙과 입장을 갖고 있었다. 이를 위해 남북 당국 사이에 공적인 수준의 대화가 열려야 하며, 동시에 민간 차원의 교류가 더욱 확대되어야 한다는 것이다. 대통령 취임사(1988.2.25)에 이어 노태우 대통령 첫 기자회견(1988.4.21)에서도 '남북 간 교류와 협력시대의 개막'을 분명히 밝히었다. 다만, 분단의 현실과 대결의 역사 속에서 사회와 국가의 안전을 보장하는 책임은 정부가 갖고 있기 때문에 전체주의적인 북한과의 교섭과 대화는 정부가 주도할 수밖에 없다는 입장에서 '남북한 간의 대화창구는 정부로 일원화한다'는 원칙을 갖고 있었다. 이에 대해 그 당시 남북적십자회담이나 체육회담은 민간단체 주도의 회담 형식으로 진행되었고 정부는 회담을 측면 지원, 협조하는 입장에 있었다. 이를 고려한다면 정부와의 충분한 사전협의가 전제될 경우 민간 차원의 대북대화도 개방될 여지는 있었지만 그 당시 남북관계가 거기까지 이르지는 못하였다.

제1공화국 이래의 통일논의에 대한 금기는 통일문제에 대한 관심과 욕구를 반영하지 못하였고, 제3공화국 이래의 정부 독점 방식의 남북대화 노력은 특정 정권의 전유물처럼 돼버린 문제점이 있었다. 때문에 통일논의의 과정은 제도적으로 널리 개방되어야 하며, 그러한 논의 결과로 정부당국이라는 단일창구가 국민 대표성을 위임받아 질서 있게 집행하도록 해야 한다. 통일논의의 제도적 수용이 막혀서도 안 되고, 그렇다고 하여 제도나 대북 단일창구를 벗어난 중구난방식의 혼선도 있어서는 안 된다는 것이다.

제6공화국의 헌법에 따른 초대 노태우 대통령에게는 헌법에 명시된 평화적 통일의 역사적 책무를 헌정질서 내에서 완수해야 하는 시대적 소명이 부여되어 있었다. 민주화의 진전 과정 중 시민사회의 통일문제에 대한 관심과 논의 수요는 커져 갔다. 노태우 대통령은 이런 변화된 환경 속에서 새로운 통일방안을 마련해나가며 시민사회 및 국민과 소통하는 리더십을 발휘하였다. 물론 노태우 정부 말기에 성사된 남북고위급회담 개최 및 「남북 사이의 화해와 불가침 및 교류·협력에 관한 합의서」(약칭 '남북기본합의서') 체결 등 남북관계의 진전 상황을 노태우 정부 초기에 미리 예측하여 대북·통일정책에 적극 반영하고 국민적 공감대를 형성하기에는 시대적·역사적 한계가 있었다.

시민사회의 통일운동

1980년대 후반 민주화의 진전과 더불어 통일문제와 관련한 시민사회 각계각층의 열망이 노태우 정부 초반부터 강하게 분출되었다. 특히 1988년 서울 올림픽 개최 및 국제사회의 탈냉전 분위기 속에서 노태우 대통령은 민간 차원의 통일논의에 대해 열린 입장이었지만 급진적 통일논의의 확산에는 경계하는 입장이었다.

'민족의 통일과 평화에 대한 한국기독교회 선언'

노태우 정부 출범 초부터 종교계에서 통일논의와 관련한 선언이 있었다. 한국기독교교회협의회(NCCK)는 1988년 2월 29일 열린 총회에서 「민족의 통일과 평화에 대한 한국기독교회 선언」(약칭 '88 선언')을 만장일치로 채택했다. 이는 '선민주 후통일론'에 따라 한동안 잠잠하였던 통일논의와 민간통일운동을 다시 촉발시키는 기폭제이자 '총선거통일론'을 벗어나지 못하고 있었던 남한 정부의 통일정책을 변화시키는 데 큰 역할을 하였다. '88 선언'은 성찰과 반성을 통해 가장 드라마틱한 관념의 전환을 보여주며 이는 냉전의 얼음을 깨는 계기가 되었다. '88 선언'은 한국 기독교 역사상 처음으로 한반도의 평화통일에 대해 신학적·정책적 정의와 교회의 나아갈 길을 밝혔다는 점에서 의의가 있었다. 1989년 9월 1일 열린 국회 통일정책특별위원회 주최 통일정책에 관한 공청회에 진술인 자격으로 참석한 강문규 한국기독교교회협의회 통일위원 겸 정책위원장도 '민족의 통일과 평화에 대한 한국기독교회 선언'에 대해 설명하며, 통일은 인도주의적 배려와 조치가 추가되어야 하며, 통일논의에서 소외되었던 민중의 참여가 우선 고려되어야 한다고 그 의미를 되새긴 바 있다. 한국교회협의회는 통일에 관해 두 가지 중요한 원칙을 천명하였는데, 그 첫째가 통일은 국가의 공동 성과 이익뿐만 아니라 인간의 자유와 복지를 보장해야 하며 이를 위해 인도주의적 배려와 조치가 필요하다는 것이었다. 또한 통일논의 과정에서는 분단의 가장 심오한 피해자이자 의사결정 과정에서 늘 소외되어온 민중의 참여를 우선적으로 고려해야 한다는 원칙을 밝히었다. 이것은 통일의 주체를 국민 내지 민중에다가 둔다는 원칙이었고 모든 사람의 민주적인 참여가 보장된다는 것이었다.

'민족의 통일과 평화에 대한 한국기독교회 선언'의 내용은 재야 운동권의 입장보다는 온건하지만 정부의 공식 정책에 대조되는 안이 포함되어 있었다. 이에 따라 당시 활성화된 통일 열기와 통일운동은 노태우 정부에게 국정운영의 부담 요인으로 작용할 수 있었다.

7.7 선언 이전 시민사회의 통일운동

노태우 정부가 출범하자마자 발표된 한국기독교교회협의회 (NCCK) '88 선언'은 분단의 상처를 치유하고, 분단 극복을 위한 국민의 참여, 사상·이념·제도를 초월한 민족적 대단결 및 남북한 간의 긴장완화와 평화증진, 우리 민족의 자주성을 실현하자는 내용을 포함하고 있었다. 88 선언이 기폭제가 되어 이후 종교계, 학생, 노동계 등을 중심으로 통일과 평화에 대한 민간 차원의 통일논의와 통일운동이 활발히 이루어졌다. 한편에서는 전 국민의 통일논의 보장을 요구하며 '혁명적 민중통일'을 염원하는 학생들의 국가보안법 폐지, 반제 반파쇼투쟁, 노동자계급 해방투쟁 등이 급진적인 통일논의로까지 이어졌다. 일례로 전국대학생대표자협의회 등 6개 청년학생단체들은 1988년 5월 14일 전국민 통일논의 보장을 위한 대정부 공개서한을 발표하고, 북한이 제기한 통일방안과 남북체육회담에서의 상호 제안내용을 공개하고, 당국자 간 비밀접촉이 아닌 공개 형식의 통일문제 논의를 요구하면서 통일운동을 가로막는 법·정책을 폐기하라고 주장하였다.

다른 한편에서는 원로성직자들의 대국민 호소문이 있었다. 한경직·김창인·오경린 목사 등 장로교, 감리교, 성결교, 구세군 소속 원로성직자 19명이 1988년 6월 21일 1천만 기독교 신도들과 성직자 및 국민들에게 드리는 호소문을 발표하였다. 남북통일에 관한 논란과 학생시위 등을 지켜보면서 이런 일들이 국법 한계 안에서 질서 있게 진행되어야 하며 국민의 화합과 민족의 화해를 위해 기도한다는 내용이었다.

이처럼 1988년은 제6공화국 노태우 정부가 새롭게 출범하여 서울 올림픽을 준비하면서도 국내적으로 통일문제에 대한 논의가 민주화 진전과 더불어 폭발적으로 분출하며 국제사회의 탈냉전 분위기와 함께 역동적인 상황을 연출한 한 해였다.

노태우 대통령은 취임 첫해를 회고하면서 1988년 상반기 6개월 동안 대학가 시위가 298회, 연인원 98만여 명의 대학생이 참가하였다는 보고를 받았는데, 이는 6.29 선언이 나온 1987년 상반기에 비해 시위 건수는 1.8배, 참가 인원은 1.7배가 늘은 수치였다고 기술한 바 있다. 또한 이를 '좌경운동권의 기승'으로 표현하며, 민주화에 편승한 학생시위가 더 늘어났고, 남북학생회담 추진 투쟁 및 주한미군 철수를 내세워 반미감정을 부채질하였다고 회고하였다. 북한을 찬양하며 좌경의식을 확산시키고 투쟁방식도 날로 폭력화하였다고 언급하며 이로 인해 사회 일각에서 민주화에 대한 회의와 학생 시위에 강경 대처하라는 목소리가 나오는 등 극좌파 학생운동과 강경 보수의 요청은 골칫거리 현안이었다고 회고한 바 있다.

이처럼 노태우 정부 출범 첫해는 민주화의 진전 과정에서 나온 국민들의 통일문제에 대한 관심에 부응하는 한편, 급진적 통일논의의 확산을 제도권 내에서 다루어나가야 하는 시간이었다. 제5공화국의 권위주의 시대를 지나, 제6공화국은 민주화를 요구하던 시대에서 민주화를 실천하는 시기로 변화하였다. 노태우 대통령은 이러한 시대정신에 따라 국정을 민주적으로 운영해야겠다는 철학과 의지를 가지고 있었다. 또한 민주주의 자체를 위협하는 급진적 폭력 세력들에게 민주주의 공간을 허용해서는 안 되며 그

것이 대다수 국민의 참뜻이라는 입장에서 국정을 운영해 나가고
자 하였다.

7.7 선언 이후 재야·학생들의 통일논의

노태우 정부는 1988년 6월 2일 '통일논의 자유화 조치'를 취한
데 이어 7월 7일 '민족자존과 통일번영을 위한 대통령 특별선
언'(7.7 선언)을 발표하였다. 그러나 7.7 선언 발표 이후에도 재야
및 학생들의 통일문제에 대한 주장은 크게 달라지지 않았고, 북
한 역시 7.7 선언에 대해 부정적인 반응이었다. 세 야당이 7.7 선
언에 대해 지지 입장인 데 반해, 전국대학생대표자협의회(전대협)
과 민주통일민중운동연합(민통련)을 비롯한 재야 운동권은 7.7 선
언을 비판하면서 '1948년에 남과 북에 각각 국가가 성립됨으로써
분단의 고정화가 이루어진 40주년을 맞이하는 1988년 8월 15일
에 남북학생회담이 판문점에서 열려야 한다'라고 제의하며 정부
의 대북접촉창구 단일화 입장에 반대하였다.

그 당시 재야 및 학생들이 통일문제와 관련하여 주장한 통일논
의 주요 내용들은 1988년 서울 공동 올림픽 쟁취, 한반도 평화 정
착을 위해 휴전협정의 평화협정 대치, 주한미군 단계 철수, 한반도
핵무기 폐기, 민족·민주 민중 운동단체의 연대, 재야 통일운동의
새로운 정비 등이었다.

또한 남북 각계각층 교류 운동, 남·북한 해외동포들이 참여하는
범민족대회 개최, 노태우 대통령 유엔연설에 대해 영구분단을 위

한 단독 가입의 사전 포석, 교차승인 분단고착 음모 중단, 국가보안법 철폐 주장 등을 통해 반통일세력 투쟁, 반정부·반미 투쟁을 선동하는 내용이 주류였다. 이렇게 재야 및 학생들의 급진적인 통일논의는 민주화 진전 과정 및 서울 올림픽을 앞두고 계속되었다.

노태우 대통령은 교조화된 통일론은 폭력으로 연계될 가능성이 있고, 민주화를 지연시킬 뿐만 아니라 통일을 향한 유연하고 균형된 정책 전개를 어렵게 만들기 때문에 경계해야 한다는 입장을 견지하였다. 또한 국민이 자유로이 선출한 의회와 그 의회가 만든 법의 권위와 절차에 의존한다는 민주주의의 기본 원칙에 입각하였다. 이를 거부하는 반의회주의적, 반법치주의적 독선과 교조주의에 우려를 갖고 법과 원칙에 따라 대응하고자 하였다.

2-3.
남북학생회담 이슈 관련 논의

   남북학생회담 추진 문제가 나온 것은, 1988년 3월 29일 서울대 총학생회 선거에서 김중기 후보가 '김일성대학 청년학생들에게 드리는 공개서한'을 통해 남북한 국토종단순례 대행진과 민족단결을 위한 남북한 청년학생체육대회를 개최하자고 제안하면서 촉발되었다.

   1988년 4월 4일 북한의 김일성종합대학 학생위원회는 이 제안을 적극 환영하는 성명을 발표했고, 다시 4월 15일 서울대 총학생회 산하 '조국의 평화와 자주적 통일을 위한 특별위원회'에서 남북한 국토종단순례대행진과 청년학생체육대회를 위한 실무회담을 6월 10일에 판문점에서 개최하자고 제안했다. 이후 서울지역총학생회연합(서총련)과 전국대학생대표자협의회(전대협)는 6·10 남북학생판문점 회담을 성사시키기 위한 대규모 투쟁을 전개하였다.

남북학생회담 관련 대학생 및 재야의 주장

남북학생회담 개최 문제와 관련 1988년 대학생 및 재야의 기본적인 입장은 다음과 같았다. '통일운동의 주역은 남북 7천만 민중'이며, '전쟁과 핵을 반대' 하고, '8.15 남북학생회담 쟁취'와 '남북화해와 평화통일을 위한 범민족대회 개최' 및 '남북공동 올림픽 개최'을 위한 투쟁을 해 나갈 것이며 동시에 통일논의와 통일운동을 적극 전개해 나간다는 것이었다.

1988년 5월 28일 불교, 기독·천주교, 서울민주투쟁연합, 민통련 등 총 47개 사회단체 일동은 '조국통일의 대업을 앞당기기 위한 시국선언'을 발표하고 남북 단일팀 공동올림픽과 6.10 남북학생회담의 성사 및 남북 각계각층의 교류 보장을 촉구하였다. 1988년 6월 11일에 서울지역총학생연합은 '정당 사회단체에 보내는 촉구문'을 통해 정부당국, 야당, 사회단체와의 공개적인 국민대토론회를 6월 18일 갖자고 제안하며 토론 주제로 남북 청년학생 교류와 남북 학생회담 성사, 공동 올림픽 성사 및 통일문제 협의기구 구성에 관한 문제를 제시하였다. 또한 1988년 8월 2일에는 전국대학생대표자협의회가 '전대협총회 결의문'을 통해 통일운동의 주역은 남북 7천만 민중이며, 전쟁과 핵을 반대한다. 8.15 남북학생회담 쟁취투쟁, 남북 화해와 평화통일을 위한 범민족대회 개최투쟁, 공동 올림픽 개최투쟁을 전개해 나가는 한편, 전대협에서 이산가족 생사확인 운동 전개, 이산가족 자유왕래와 공동 올림픽 실현 1천만 서명운동 및 국민 대상 통일성금을 모금한다고 하는 등 민족해방투쟁, 남북 청년학생 대단결, 조국의 평화와 자주적 통일을 위한 청년학도들의 관심과 참여를 독려하였다.

남북학생회담 추진은 4·19 혁명 이후 최초로 남북한 민간 교류를 시도한 것이라는 긍정적인 평가가 있으나, 통일운동 과정에서 일정 부분 북한의 통일관을 그대로 수용하고 주장함으로써 국민의 반감을 사기도 하고 대정부 투쟁 등 사회적 논란과 우려가 있었다.

남북학생회담 이슈에 대한 정치권 반응 및 노태우 정부 입장

88년 서울 올림픽의 남북 공동주최를 중심으로 통일논의가 확산되는 분위기 속에서 대학생단체들이 1988년 6월 10일에 판문점에서 남북한대학생회담을 개최하기 위한 투쟁에 나선 것은 노태우 정부와 정치권 전반에 큰 압력이 되었다. 그 결과 제1 야당인 평화민주당은 통일문제특별위원회를 가동하고 부총재 박영숙 위원장으로 하여금 이홍구 통일원장관을 만나 그 회담이 실현될 수 있는 방향으로 정부가 태도를 결정할 것을 요청했고, 제2 야당인 통일민주당도 남북학생회담 판문점 개최안에 호의적인 태도를 보였다. 이에 대해 이홍구 장관은 1988년 6월 9일 공식성명을 발표하고, 정부가 이미 남북고위당국자회담을 제의해 놓고 북한의 반응을 기다리고 있는 중이며 노태우 대통령 또한 남북학생교류를 추진할 뜻을 천명했음을 상기시켰다. 정부로서는 남북당국 사이의 합의와 보장 아래 남북학생교류가 실현될 수 있도록 대북교섭을 추진할 것이며 이 과정에서 학생들을 포함한 각계와의 폭넓은 대화를 추진할 것임을 약속했다. 이 장관은 또 남북학생 교류의 내용·방법·범위 그리고 남북왕래 절차와 신변안전보장 등에 관한 구체적 합의를 이끌기 위한 남북실무회담에 북한이 응할 것을 요구했다. 북한은 자신들로서는 모든 준비를 끝냈기에 그러한 회담은 필요하지 않다는 논리로 노태우 정부의 제의를 거부했다. 한편, 민주정의당과 평화민주당을 비롯한 원내 4개 정당의 대표들은 '남북학생판문점회담' 안에 반대한다는 데 합의하였다. 여야 4당 대표들은 학생들의 통일을 향한 열정을 충분히 이해한다고 전제하였지만 매우 중요한 이 문제에 대해서는 정부와 국회에 맡겨달라고 호소했다.

동아일보와 조선일보를 비롯한 주요 매체들 그리고 대한교육연합회를 비롯한 사회단체들의 입장도 정부과 정치권의 입장과 크게 차이가 없었고 학생들에게 자제를 요청하는 분위기였다. 당시 한 여론조사도 전대협을 비롯한 운동권 학생들이 요구하는 '주한미군 철수에 대해 응답자의 3.8%만이 지지'하는 등 국민 여론도 비슷한 경향을 나타냈다. 그런 상황에서 약 2만 명의 대학생들이 1988년 6월 10일 연세대학교 교정에 집결하여 판문점 출발을 시도했고 정부는 경찰력으로 그 시도를 막았다. 전대협의 회원들은 그다음 날인 6월 11일 정부종합청사에 화염병을 들고 난입하는 것으로 대응했다. 전대협의 폭력적 대응에 대해 국민들의 반응은 부정적이었다. 운동권의 '반외세·민중주체통일운동'은 이후에도 계속되었다. 이 소용돌이 속에서 노태우 대통령은 이홍구 국토통일원장관을 통해 1988년 7월 5일부터 방송을 포함한 모든 형태의 대북 비난을 중단한다는 전향적인 대북정책을 발표하였다. 이어서

1988년 7월 7일 노태우 대통령은 「민족자존과 번영을 위한 대통령 특별선언(약칭 7·7 선언)」을 발표했다. 7·7 선언은 6개 항으로 구성되었는데, 북한을 타도의 대상이 아닌 '함께 번영해야 할 동반자'로 규정하면서 북한과의 관계 개선에 적극성을 표시한 것이 핵심이었다. 평화민주당, 통일민주당, 신민주공화당 야 3당은 모두 그 날로 7.7 선언을 전폭적으로 지지했다. 7.7 선언에서 노태우 대통령은 남북한 간의 적극적인 교류를 제의하고, 북한이 미국 및 일본과 관계 개선하는 일에 협조할 뜻을 선언했다. 이에 대해 북한은 1988년 7월 11일 『조선중앙통신』을 통해 "미국의 각본에 따라 선임자가 내놓았던 영구분열안을 문구와 단어들을 바꾸어 각색한 낡은 문서의 변종", "두 개의 조선을 위한 분열주의적 단계론"으로 표현하며 7.7 선언에 대해 한반도 영구분열 안이라고 폄하하였다. 남한이 통일을 원한다면 자신(北)들이 주장하는 '남북연석회의'에 호응하고 '(1988년) 8.15 학생회담'을 남한 당국이 보장해야 할 것이라는 기존 입장을 고수하였다.

8.15 학생회담에 대해 당초 지지를 표명한 제1 야당 평화민주당은 1988년 8월 14일 김대중 총재 주재로 긴급간부회의를 열고 학생들의 '자제'를 요청키로 결정하였고, 제2 야당인 통일민주당도 8.15 당일 김영삼 총재 주재로 간부회의를 열고 남북학생회담의 '자제'를 다시 촉구키로 결정하였다. 김대중 총재는 "아무리 좋은 생각이라도 국민이 이해하지 못하면 이해할 때까지 기다려야 하는 법"이라며 "학생들이 회담을 강행할 경우 많은 희생을 낼까봐 자제를 당부하게 된 것"이라고 언급하였다. 김영삼 총재도 8월 13일 자신을 찾아온 전대협 학생대표들에게 "회담을 강행할 경우 학

생들의 엄청난 희생이 뒤따를 뿐아니라 국민의 공감을 얻지도 못할 것"이라고 언급하였다. 이렇게 그 당시 정치권과 정부는 남북학생회담 이슈에 대해 우려하며 자제를 바라는 국민적 공감대에 부응하고자 하였다.

남북학생회담에 관한 국회 특위 주최 공청회

제13대 국회가 출범하자마자 구성된 통일정책특별위원회에서 처음으로 주최한 공청회가 1988년 8월 4일에 열렸다. 여기서 다룬 주제가 그 당시 이슈로 부각된 남북학생회담에 관한 것이었다. 공청회에는 이홍구 국토통일원장관이 정부 측 인사로 참석하였고, 진술인 자격으로는 학생대표로 참석한 정명수 연세대 총학생회장 겸 전국대학생협의회부의장, 정용석 단국대 교수, 이영희 한양대 교수, 일천만이산가족재회추진위원회부위원장 이재운 변호사, 조국의자주적평화통일을위한민간단체협의회 대표 김희택 등 총 5명이 참석하였다. 박관용 국회 통일정책특별위원회 위원장은 여소야대였던 제13대 국회에서 개원 초부터 활동을 시작한 통일정책특별위원회가 최초로 공청회를 국회 입법 과정에 활용하는 전기를 마련한 것으로 공청회의 의미를 부여하였다. 이는 남북학생회담과 관련한 정부 측과 학생 측의 대립 상황에서 국회가 시민사회의 현안에 대해 국회 공청회 제도권 안으로 문제 해결의 장을 마련했다는 점에서 정치적으로 의미가 있었다.

남북학생회담에 관한 공청회는 정부 측의 입장을 표명하는 국토통일원장관의 보고와 진술인의 진술을 들은 다음 참석 위원들의 질의와 답변을 듣는 방식으로 장장 13시간에 걸쳐 진행되었다.

노태우 정부의 통일·대북정책 기조·입장 설명

공청회에 참석한 이홍구 국토통일원 장관은 "통일에 대한 국민의 여망은 역사적 민주화의 진전을 바탕으로 전개되고 있는 것입니다. 통일을 추진하는 기본 세력과 원동력은 국민으로부터 나온다는 사실과 통일정책특별위원회가 공청회를 갖는다는 사실 그 자체가 통일논의의 민주화를 실천하고 있는 것"이라고 하였다. 또한 "8·15 남북학생회담의 문제도 통일이란 목적에 대한 의견의 차이에서 오는 것이 아니라 어떠한 길이 통일로 향한 가장 바람직한 길인가에 대한 의견 차이"라며 국민 의사가 수렴되는 국회 공청회를 통해 논의되게 된 것에 대해 의미를 부여하였다.

한편 이홍구 통일원 장관은 노태우 정부가 1988년 6월 2일 밝힌 통일논의 개방과 대북 접촉·협상창구 일원화 원칙에 입각하여, 우리 체제 내에서 학생들의 자유로운 의견 개진은 바람직하다는 점을 표명하였다. 그러나 남북 대결이라는 현실에서 북한과의 교섭 및 회담을 남북 당국 이외에서 했을 때 야기되는 부작용에 대해 설명하면서 정부의 남북학생회담에 대한 원칙있는 입장을 분명히 밝히었다. "다양한 의견이 우리 대학 내에서 그리고 우리 체제 내에서 자유롭게 표출된다면 대단히 긍정적으로 받아들일 것이지만 이것이 북한의 전략 특히 북한과의 직접적인 교섭, 회담을 통해서 노출될 때는 남북 대결이라는 현실에 있어서 큰 부작용을 가져올 수 있고, 나아가 남북 당국 간에 서로의 협상과 대화라는 전략을 세우는 데도 도움이 되지 않는다는 측면이 있다."고 언급하였다.

이는 노태우 정부의 책임 있는 당국자가 국민의 대의기관인 국회에서 정부의 원칙적 입장과 정책을 설명하고 국민들의 의견을 수렴함으로써 여권과 야권의 초당적 협력 기반을 다지고 더 나아가 국민적 합의 기반을 마련하는 과정으로 볼 수 있었다.

통일정책에 대한 이홍구 장관의 입장은 기본적으로 '통일논의의 전제는 진정한 민주화'이며 '통일논의를 교조적으로 이끌어가서는 안 된다'는 것이었다(김학준, 2023, 374-376). 즉, 통일은 분단국가 국민의 여망을 실현하는 것이기 때문에 통일논의와 평화적 통일 추진은 민주적 질서와 제도를 바탕으로 하여 열린 마음으로 진행되어야 한다는 것이었다. 또한 민주화와 더불어 통일논의가 개방화되고 활성화되었지만, 그렇다고 민주화를 벗어난, 민주적인 질서와 제도를 무시하는 비민주적 교조성까지 용인되는 것은 아니라는 것이었다.

질의 내용	답변 내용(통일원 장관)
남북관계 정상화를 해 나가는 데 있어서 대북제의·접촉의 창구는 원칙적으로 정부로 일원화돼야 한다고 생각하는 데 대한 견해는?	북한과의 어떤 문제 해결을 위한 접촉이나 제의는 비단 북한체제의 일원화 성격을 제쳐놓고라도 해결 자체를 가장 중요한 목적으로 삼는다면 이것은 정부가 주관하고 조정하고 주도하는 것이 가장 효율적이라고 생각한다.
판문점 학생회담을 정부가 허용하지 않는 이유 가운데 反외세라는 말을 썼는데, 이것은 무엇을 의미하는 것인가?	反외세는 미군철수를 의미하며 이에 정부가 우려 표명을 한 것은 주한미군 존재는 현재 한반도에서 평화를 유지하고 있는 남북 군사 균형의 문제이고 전쟁억제체제의 능률적 운영의 문제, 국가안보의 문제와 직결되기 때문에 국가안보를 맡고 있는 당국이 나서서 당국 간 협의할 문제라는 것이다. 즉 이 문제는 학생이 나서서 교섭할 문제는 아니라고 생각한다.
만약 학생들이 군사문제, 올림픽문제, 이산가족문제 등 정치적 제의들을 제외하고 학생교류·친선문제만을 의제로 학생회담을 8.15에 추진하겠다고 하면 정부는 어떻게 하겠는가?	만약 학생들이 교류, 친선대회 등에만 관심의 초점을 맞춘다면 학생과 정부가 이야기할 수 있는 여지가 많다고 본다. 다만 정부가 8.15 학생회담을 허용 않겠다 방침을 세운 것은 단지 의제문제에만 국한된 것은 아니고 회담의 형식문제, 국민적 합의문제, 남북관계 개선을 위한 대화는 전략적 차원의 문제와 연관되어 있다. 이런 측면에서 학생회담이 정부 입장을 강화/약화시키는 것인지 진지하게 논의해 주길 기대하며, 이런 대화가 계속된다면 학생과 정부 사이에 이 문제를 원만하게 해결할 수도 있다고 생각한다.

※ 출처: 『국회통일정책특별위원회 활동경과』(1991.12), pp. 171-172.

노태우 대통령은 국민의 대의기관인 국회 공청회를 통해 민주적 질서와 제도에 입각한 통일논의의 방향과 기준 및 한계를 분명히 제시하려고 하였고, 이렇게 통일정책에 대해 발휘된 국민소통의 리더십은 급진적 통일논의의 확산을 견제하고 국민적 공감대를 형성하는 데 긍정적으로 작용하였다.

보수·중도·진보 진영 진술인의 입장 개진

공청회에 진술인 자격으로 참석한 정명수 전국대학생대표자협의회 부의장은 민주정부 없이는 통일문제 해결이 안 되고, 통일에 대한 노력이 없는 민주정부는 의미가 없기 때문에 두 문제를 동일시한다는 입장을 언급하였다. 민주화와 통일문제에 있어서 어느 일방이 다른 일방을 앞서거나 우선해서는 안 된다는 의견을 피력하였다.

공청회에 보수 진영 전문가 자격 진술인으로 참석한 정용석 단국대 교수는 정부는 각계각층 국민들이 바라는 남북회담과 교류를 적극 추진해야 한다며 정부의 적극적인 통일·대북정책 추진을 건의하였다. 학생들에게는 여유를 갖고 국민 대의기관인 국회를 통해 통일논의와 방법의 합의점을 찾을 수 있도록 국회를 지지해 달라는 입장을 피력하였다.

공청회에 진보 진영 전문가 진술인 자격으로 참석한 이영희 한양대 교수는 정부와 학생 사이에 가치 판단의 기준이 대립하고 있고, 북한에 대한 인식에 있어서 기성세대와 학생 간에 두 가지 관점과 판단이 있다고 하였다. 또한 노태우 정부가 학생들의 동기와 이념, 논리를 1960년대, 1970년대 반공이념 그대로 미래로까지 확대 유지한다면 문제의 끝은 비극일 것이라 우려하였다.

공청회에 일천만 실향민을 대변하여 참석한 진술인 이재운 변호사는 통일을 누구보다도 갈망하는 이산가족의 관점에서 입장을 표명하였다. 학생들이 기성세대를 적으로 보지 말고, 정부와 온 국민과 뜻을 같이하고 하나 되어 동참하는 자세로 돌아가야 한다는 것이다.

공청회에 통일운동단체를 대표하여 진술인으로 참석한 김희택 조국의자주적평화통일을위한민주단체협의회 대표는 성숙한 국민역량을 바탕으로 남북학생회담을 성공리에 추진하고, 이어서 올림픽도 남북한 6천만 민중과 세계의 축제 올림픽으로 발전시키자는 취지로 진술하였다. '조국의자주적평화통일을위한민주단체협의회'는 1988년 7월 20일 발족된 단체로, 기존 민주화 운동을 추진해 왔던 여러 사회단체들(민통련, 민청련, 한국여성단체연합 등)이 향후 추진해야 할 통일운동의 협의를 위해 결성된 협의체이다. 공동 대표로 민통련 의장 문익환, 한국여성단체연합 이우정, 불교계 지세 스님, 이재호 선생, 오영식 전대협 의장 등으로 구성되어 있었던 단체이다. 진보 진영을 대표하였음에도 "남북관계에 대한 논의가 자유롭고 개방된다고 해서 정부를 제쳐놓고 제멋대로 북한의 상대와 회담한다는 것은 바람직하지 않다는 입장"을 피력하였다.

2-4.
통일논의 개방과 정부의
대북접촉창구 일원화

노태우 대통령은 정한모 정부 대변인을 통해 1988년 6월 2일 통일문제에 대한 관심과 열망의 고조에 부응하여 통일논의를 활성화함과 동시에 대북제의와 접촉창구는 정부로 일원화해야 한다는 점을 분명히 하였다. 통일문제에 관한 논의를 적극 개방하고 통일논의의 활성화를 뒷받침한다는 것이다. 이를 위해 북한이나 공산권 관계 자료의 개방도 점차 확대해 나가며 정부 내에 관계 법규 개정과 자료 분류 기준의 완화를 위한 특별기구를 구성·운영하였다. 통일논의의 개방과 활성화를 지원하되, 통일논의는 헌정질서에 기초를 두고 실정법 테두리 안에서 이루어져야 하며 통일정책의 수행과는 명확히 구별되어야 한다는 것이었다. 이는 그 당시 남북관계가 오랜 기간 상호 단절 속에서 이어져 왔으며, 한반도의 군사적 긴장과 첨예한 대치·대결 상태를 지속해 온 점, 특히 남북관계 대화와 교섭의 상대방인 북한이 획일적으로 통제된 일원주의 체제를 유지하고 있는 현실을 종합적으로 감안하여 대북제의나 접촉의 창구는 국가적 차원에서 정부로 일원화되어야 한다는 점을 명백하게 한 것이었다. 이에 대해 이홍구 장관은 "분단의 현실과 대결의 역사 속에서 사회와 국가의 안전을 보장하는 책임을 정부는 갖고 있다. 따라서 전체주의체제인 북한과의 교섭이나 대화는 정부가 주도할 수밖에 없다"고 언급하였다(김학준, 2023, 377). 이것은 1988년 당시 일부 사회 일각에서 정부를 제쳐놓은 채 '민주화와 통일논의 개방'에 관해 직접 북한 측을 상대로 대북 제의나 접촉을 하려는 것까지 확대 해석하려는 것에 대한 통일·대북정책의 한계를 분명히 한 것이었다. 그 당시는 노태우 대통령은 급진적 통일논의의 확산과 무분별한 대북 접근이 국민들의 건전한 통일논의와 실질적인 남북관계 개선에 도움이 되지 않으며 자제되어야 한다는 입장이었다.

한편, 남북 간의 대결관계를 청산하고 평화통일의 기반을 다져나가기 위해 남북한 간의 인적·물적 교류의 실현을 강조하는 등 통일문제에 대한 노태우 정부의 공식 입장도 함께 표명했다. 남북한 간의 신뢰 회복과 민족통일로 향한 전진을 위해서는 남북 간에 정치인, 경제인, 언론인, 문화·예술인, 체육인, 학자 및 학생 등 각계 인사들의 인적교류와 함께 물적 교류도 실현되어야 하며, 1988년 서울 올림픽도 남북 선수단이 함께 참가하여 민족적 대제전이 되도록 여러 경로를 통한 다각적인 노력을 기울여 왔다고 밝히었다.

급진적 통일논의 확산 견제

노태우 정부 출범 직후 시민사회에서 분출한 '민족의 통일과 평화에 대한 한국기독교회 선언'과 남북학생 교류 이슈는 노태우 정부의 1988년 6월 2일 통일논의 개방 조치 및 노태우 대통령의 7.7 선언에도 영향을 주었다. 이는 남북 간 자주교류운동, 국가보안법 철폐운동, 통일방안 제시 등 시민사회의 통일논의를 확산하는 계기가 되었고, 다시 정부 차원의 대응을 촉진하는 순환관계로 작용하였다. 7.7 선언 이후 시민사회의 통일문제에 대한 논의와 관심이 커지는 가운데, 재야 및 학생 운동권을 중심으로 '반외세 자주화', '남한 내부의 체제변혁', '평화체제 구축론', '남북한 연석회의론', '민중통일론' 등 급진적 통일논의가 확산되었다(김천식, 2014, 52-61).

이를 세분해 보면 '반외세 자주화' 주장은 한반도를 분할 점령한 세계 양대 제국주의 세력이 제국주의의 이해관계에 따라 한반도 분할지배를 강화하고 있다는 인식에서 비롯, 이를 타파해야 한다는 것이다. 통일운동은 반외세자주화 투쟁이 돼야 하며, 이를 통해 민주 자주 정권을 수립하고 민족자립 경제를 건설하며, 궁극적으로 북한과 통일된 민족국가를 수립해야 한다는 것이다.

한반도 분단의 원인을 계급모순에서 찾는 '남한 내부의 체제변혁' 주장도 있었다. 이는 제국주의 식민지 지배의 총체적 틀인 식민지 파쇼체제를 타도함으로써 이 땅의 계급적 지배를 끝장내자는 입장이며, 따라서 통일운동은 민중이 자신들의 계급투쟁 속에서 이루어진다는 점을 알 수 있도록 해야 한다는 것이다.

'평화체제 구축론' 주장은 '민족의 통일과 평화에 대한 한국기독교회선언'을 통해 나온 것이 대표적이었다. 남북한과 미국, 중국 등 참전국들이 휴전협정을 평화협정으로 전환하고 불가침조약을 체결할 것을 촉구하는 내용이며, 평화협정이 체결되고 한반도 전역에서 평화와 안정이 보장됐을 때를 주한미군 철수와 유엔군 사령부 해체의 적기로 보았다.

'남북한 연석회의론' 주장은 통일문제는 민족문제라는 명분으로 남북한에 현존하는 국가의 실체를 부인하는 원리에서 나오는 것이다. 실제로 북한은 통일문제를 당국이 관장하는 행정적 문제로 보지 않고 민족문제이자 정치적 문제라고 하였다. 남북의 모든 정치세력과 전 민족의 총의에 기초해서 정치적으로 해결되어야 한다고 주장하며 창구단일화 정책을 중단할 것을 촉구했다. 이는 통일문제가 정부 제도를 떠나 민중적 차원에서 다루어져야 할 문제라고 보는 인식을 바탕으로 하고 있었다.

이와 연관된 '민중통일론' 주장은 민중이 주체가 되어 민중을 위한 통일을 쟁취해야 한다는 논리로, 남북 연석회의의 연장선상에서 한국정부의 대표성과 권능을 인정하지 않고 있다. 민중통일론은 민중혁명을 통하여 분단된 조국을 재통일하자는 것이다. 즉 민족해방투쟁으로 외세(미국)를 물리치고, 민중 중심의 민중혁명에 의하여 정권을 타도하고 자본주의 체제의 변혁을 이룩함으로써 민족과 국토의 재통합을 실현하자는 것이다.

당시 국민 여론은 통일논의 '완전개방'과 '제한해야' 비슷

국토통일원이 1989년 5월 실시한 통일정책 관련 여론조사 결과를 보면 그 당시 일반 국민들은 적절한 통일논의의 개방 정도에 대해 '완전 개방'과 '제한해야' 한다는 의견이 엇비슷했던 것으로 나타났다. 노태우 대통령은 통일논의 자체는 개방하면서도 급진적인 통일논의 확산은 경계하였다. 북한의 대남전략 입장에 동조하는 무분별한 통일논의에 대해서는 헌정질서 내에서 단호히 견제해야 한다는 입장을 분명히 한 것이다. 또 1989년 5월 9일 청와대에서 열린 국무회의에서 노태우 대통령은 '좌익혁명세력의 폭력파괴활동은 엄정히 법에 따라 다스리고 외부로 드러난 전위세력과 배후 핵심을 분명히 구분하여 이제는 그 근원을 찾아서 뿌리를 제거'해야 하며, 또한 '대학이 폭력계급혁명을 선전·선동하고 화염병 등 위해물을 제조하는 아지트화하고 있는 데 대해 1차적으로 대학교, 이후 문교부가 나서서 조치하고 그래도 안 되면 공권력을 투입해서라도 기필코 학내질서를 확립할 것'을 지시하였다. 그 두 달 이후 열린 국무회의(1989.7.20)에서도 '좌익혁명세력의 폭력파괴활동과 체제전복기도에 대해서는 국가수호 차원에서 법에 따라 엄정하게 대처하고, 특히 주동 핵심 세력과 배후 조정 세력을 색출하여 뿌리를 뽑도록 할 것'을 재차 지시한 바 있었다.

〈표 2〉 1989년 '통일논의의 개방정도' 선호 관련 여론조사 결과

내용	인원(명)	비율(%)
□ 완전 개방해야	971명	48.55%
□ 제한해야	1,002명	50.10%
(자유민주 부정은 제한)	(768명)	(38.40%)
(모두 제한해야)	(234명)	(11.70%)
□ 무응답	27명	1.35%
계	2,000명	100%

※ 출처: 국토통일원, 『통일문제에 관한 국민의견 조사』(1989), p. 77.

　　노태우 대통령은 이렇게 급진적 통일논의 확산에 대해 자유민주적 기본질서에 입각한 원칙적 대응과 함께 전향적인 통일·대북정책을 일관되게 추진해 나갔다. 1989년을 고비로 남북 당국 간에 대화가 이루어지고 재야 운동권 세력의 기세도 누그러지면서 급진적인 통일논의도 정체 국면으로 진행되었다.

2-5.
국가보안법 개폐 논란

　노태우 정부가 통일논의 개방과 대북접촉창구의 일원화 입장을 발표한 데 이어 '민족자존과 통일번영을 위한 특별선언(7.7 선언)'을 표명하자, 북한을 동반자로 인정한 7.7 선언과 북한을 반국가단체인 적으로 규정한 국가보안법 사이에 모순상황이 발생하였다. 민정당 대선 후보 시절 노태우는 "법치주의를 확립함에 있어서 선행되어야 할 과제는 정당성이 결여되었거나 현실에 맞지 않는 법률을 과감히 개정·보완하는 일입니다"라고 밝혔고 이는 국가보안법을 직접 거론하지는 않았지만 '정당성이 결여된 법률'의 개정 의지를 분명히 한 것이었다.

　국가보안법 개폐 문제는 제13대 국회(1988년 5월~1992년 5월) 기간 동안 여야 간 가장 논란이 된 쟁점이자, 노태우 정부의 민주화 의지와 남북관계 개선 의지의 진정성을 가늠하는 잣대로 간주되었다. 제13대 국회도 개원 직후 여야 국회의원 197명의 발의로 '민주발전을위한법률개폐특별위원회'를 구성·운영하였다. 동 특위는

1988년 6월 27일 국회 본회의 결의로 구성되어 1988년 7월 8일 첫 회의를 개최하였다. 민정당의 오유방 의원을 위원장으로 민정당 12명, 평화민주당 7명, 통일민주당 6명, 신민주공화당 3명, 무소속 1명으로 구성되어 있어서, 총 29명 중 과반인 15명이 보수정당 소속 위원이었다. 국가보안법 개폐와 관련하여 동 특위 위원들의 견해는 '사실상 존치론'(15명=민정 12+공화 3) 쪽이 '대폭 개정 또는 폐지 또는 대체입법론'(14명=평민 7+통민 6+무소속 1) 쪽보다 1명이 더 많게 구성되어 있어서 국가보안법 개폐 추진이 쉽지 않은 상황이었다. 여당인 민정당은 노태우 대통령의 7.7 선언과 유엔특별연설 내용의 적극적 추진을 뒷받침하여 통일논의의 활성화 및 북방정책 수행의 실효성을 보장한다는 취지에서 1988년 12월 13일 국가보안법 개정안을 국회에 제출하였다. 그러나 이듬해인 1989년 문익환 목사(3월), 소설가 황석영(3월), 대학생 임수경(6월) 등의 미신고 방북이 잇따르자, 국회의 국가보안법 개정 논의 분위기도 크게 바뀌었다. 이들의 방북을 계기로 국가보안법의 개폐가 아니라 오히려 국가보안법이 강화되어야 한다는 주장이 나타났다. 노태우 정부가 7.7 선언에 따른 실정법적 후속조치를 강구할 것이라는 입장을 표명해 왔고, 7.7 선언이 국민의 통일 열기와 통일운동에 바탕한 국민적 합의에 의하고 있다는 점을 고려해 보았을 때 이러한 주장은 7.7 선언의 정신에서 보면 퇴보하는 것이었다. 1990년 4월 2일 헌법재판소는 국가보안법이 "'자유민주적 기본질서에 위해를 줄 명백한 위험이 있을 경우에만 축소적용'하면 헌법에 위반되지 않는다"며 한정 합헌 판결을 했다. 헌법재판소는 구 국가보안법 제7조 제1항의 위헌성에 관하여, 이 조항에 해당하는 행위라 할지라도 그 가운데서 국가의 존립·안전이나 자유민주적 기본질서에 무해한 행위는 처벌에서 제외하고 이에 위해를 줄 명백한 위험성이 있는 경우에만 이를 적용하도록 처벌범위를 축소·제한하는 경우에는 헌법규정들에 합치되는 합헌적 해석이 되고 그 위헌성이 제거된다는 한정합헌결정을 내렸다. 1990년 8월 1일에는 남북 간의 상호 교류와 협력을 촉진하기 위하여 필요한 사항을 규정한 '남북교류협력에관한법률'이 제정되었다. 남북관계 상황도 진전이 되어 제1차 남북고위급회담이 1990년 9월 4일 서울에서 개최되었다. 이러한 일련의 상황 변화를 반영하여 1991년 5월 31일, 「국가보안법」이 개정되었다. 국가보안법을 해석·적용함에 있어서 '국민의 기본적 인권을 최대한 보장하여야 한다'는 원칙을 세웠고, 상기 헌법재판소의 한정합헌 결정취지를 반영하여 입법목적과 규제대상을 구체화하였다. 즉, 국가의 존립·안전이나 자유민주적 기본질서를 위태롭게 하는 행위와 불고지죄의 성립범위를 반국가단체 구성, 목적수행, 자진지원 등의 죄에 한하여 인정하여 처벌하도록 규정하였다. 또한 '남북교류협력에관한법률'과의 적용한계를 명백히 하면서 처벌대상을 축소하였고 이는 기본적 인권을 최대한 보장하는 동시에 7.7 선언에 따른 대북정책의 효율적인 추진을 적극 뒷받침할 목적으로 개정·시행되었다. 이로써 노태우 정부 시기는 남북관계 상황의 이중성을 반영한 헌법 3조(영토조항)와 헌법 4조(평화적 통일정책 조항) 간의 법리적 모순이 각각 '국가보안법'과 '남북교류협력법' 체계라는 두 개의 큰 틀로 자리 잡으며 통일정책과 대북정책 추진의 토대를 마련한 시기라고 할 수 있다.

2-6.
통일방안 관련 시민사회 의견 수렴

　노태우 정부 초기의 일반 여론은 재야·운동권 세력의 급진적인 주장에는 동조하지 않으며, 북한의 대북전략과 통일전선 전술에 대해서도 경계하는 입장을 가지고 있었다. 노태우 정부의 대북 협상창구단일화 원칙에 일반 여론은 공감대를 형성하고 있었던 것이다. 언론들도 대부분 제도권 밖의 비정부 차원의 급진적인 통일 논의에 대해 견제하는 입장을 가지고 있었다. 한편, 이러한 환경 속에서 노태우 대통령은 국민들의 통일문제에 대한 관심과 통일 논의를 다양한 방법을 통해 적극 수렴해 나갔다.

　노태우 대통령은 우리 사회의 발전과 국제정세의 변화 양상을 반영한 새로운 통일방안을 준비하고 있었다. 시민사회 및 국민 각계의 의견을 최대한 수렴하여 민족공동체적 시각에서의 새로운 인식을 바탕으로 한 새 통일방안 마련 작업이 진행되었다. 통일의 주역과 주체는 민족 성원 전체이고, 통일국가는 결국 민족 전체의 의사에 의해 결정되어야 한다는 점에서 국민적 합의에 바탕을 두

지 않은 통일정책 추진은 아무런 의미가 없으며 그 실현을 위한 추
진력을 확보할 수도 없다는 것이다. 따라서 통일정책은 그 정책 내
용 못지않게 국민의 염원과 창의를 수렴하는 절차 문제가 중요한
의미를 가졌다. 이러한 정책 기조 하에 노태우 정부 정책결정권자
는 통일정책 수립 및 추진 과정에서 각계각층 및 관련 전문가의 의
견을 적극 수렴하였다.

〈표 3〉 통일문제 관련 간담회·세미나

구분	실시기간	회수	인원	분야	비고
각계 인사와의 대담, 간담회	1988. 6. 1. ~12. 31.	220	1,647	학계, 언론계, 종교계, 경제계, 교육계, 법조계, 노동계, 여성계, 문화예술계, 대학생 등	
지방도시 순회 세미나	1988. 10. 29. ~11. 12.	10	96	학계, 언론계, 사회계 등	시도별 주요 10대 도시
통일문제 전문가 워크샵	1988. 11. 8. ~12. 20.	6	42	학계, 언론계, 종교계 등	
통일대화 유경험자 세미나	1988. 10. 21. ~12. 26.	5	44	통일대화 정책자문위원, 남북회담 대표단	
교민 방문 간담회	1988. 6. 1. ~12. 31.	9	475	교민지도층 인사, 주재언론인·상사원 등	미국, 캐나다, 일본 등
총 합	1988년 6월~12월	250	2,304		

※ 출처: 통일원, 『1990 통일백서』, pp. 73-74. 참조

노태우 정부는 통일논의 및 통일방안 관련 국민 각계각층의 의견 수렴을 위해 학계, 언론계, 교육계, 법조계, 노동계, 여성계. 문화예술계 및 대학생 등 거의 모든 계층의 인사와의 대담 및 간담회를 1988년 6월 1일부터 12월 31일까지 220회에 걸쳐 연인원 1,647명을 대상으로 실시하였다.

　학계, 언론계, 사회계 등 96명의 인사들이 참여하는 지방도시 순회 세미나를 1988년 10월 29일부터 11월 12일까지 전국 시도별 주요 10대 도시에서 실시하였고, 학계, 언론계, 종교계 등 인사들이 참여하는 통일문제 전문가 워크샵을 1988년 11월 8일부터 12월 20일까지 6회에 걸쳐 42명의 전문가의 참여하에 실시하였다. 통일대화 정책자문위원, 남북회담 대표단 등 통일대화 유경험자 44명이 참여하는 통일대화 유경험자 세미나를 1988년 10월 21일부터 12월 26일까지 5회 실시하였다 한편, 미국, 일본, 캐나다 등의 교민지도층, 주재 언론인, 상사원 등 475명을 대상으로 교민방문간담회를 1988년 11월 24일부터 12월 13일까지 9회 실시하는 등 연인원 2,304명의 참석하에 총 250회에 걸친 세미나·간담회도 실시하였다.

<표 4> 통일문제 관련 설문조사

구분	실시기간	인원(명)	비고
여론지도급 인사	1988. 6. 25. ~12. 22.	5,939	대학생 포함
서울 시민	1988. 10. 17. ~10. 24.	800	한국 갤럽 연구소
민주평화통일 정책 자문위원	1988. 9. 16. ~12. 6.	9,198	
민족통일 협의 회원	1988. 10. 18. ~11. 5.	259	
해외 교민	1988. 11. ~12.	605	아주·구주 ·미주지역
총합	1988년 6월~12월	16,801	

※ 출처: 통일원, 『1990 통일백서』, p. 74. 참조

노태우 정부는 통일방안과 관련한 의견 수렴을 위해 대학생을 포함한 여론지도급 인사 5,939명을 대상으로 1988년 6월 25일부터 12월 22일까지 설문조사를 실시하였다. 한국갤럽연구소 주관으로 서울시민 800명을 대상으로 1988년 10월 17일부터 10월 24일까지, 민주평화통일정책자문위원 9,198명을 대상으로 1988년 9월 16일부터 12월 6일까지, 그리고 아주, 구주 및 미주지역 해외 교민 605명을 대상으로 1988년 11월에서 12월에 걸쳐서 설문조사를 실시하였다. 모두를 합한 전체 설문조사 인원은 총 16,801명에 달하였다.

노태우 정부는 통일방안과 관련 각 당의 정강·대표연설 및 단체·개인의 주장 등 1987년 9월 1일부터 1988년 10월 31일까지의 각계의 통일논의 77건과 사설, 기획기사 및 해설기사 등 1988년

3월 1일부터 10월 31일까지 7개 일간지 논의 326건 및 개별인사, 민간단체 및 학생 단체 등 1988년 3월 1일부터 10월 31일까지의 대북접촉·교류 제안 23건 등 총 426건의 논의와 논조를 분석·정리하였다.

<표 5> 통일문제 관련 논의·논조 분석·정리

구분	분석범위	건수	비고
각계의 통일논의	1987. 9. 1. ~ 1988. 10. 31. 기간 중 자료	77	각 당의 정강·대표연설, 단체·개인의 주장 등
일간지(7개)의 논의	1988. 3. 1. ~ 1988. 10. 31. 기간 중 자료	326	사설, 기획기사, 해설기사 등
대북 접촉·교류 제안	1988. 3. 1. ~ 1988. 10. 31. 기간 중 자료	23	개별인사, 민간단체, 학생단체 등
총합	1987년 9월 ~ 1988년 10월	426	

※ 출처: 통일원, 『1990 통일백서』, p. 74. 참조

노태우 정부는 민주화 시대에 걸맞는 통일방안이란 건전한 상식에 기초를 둔 평이한 청사진이어야 하며 국회 공청회 등 반드시 필요한 의견수렴 과정을 거쳐 확정되어야 한다는 입장을 갖고 있었다. 이에 따라 각계각층 국내외 국민들의 통일문제와 통일방안 관련 의견 수렴에 적극적이었다.

2-7.
'한민족공동체' 및 '남북연합' 개념 정립

통일방안이 현실적인 것이 되기 위해서는 통일문제에 대한 현실적인 접근 자세가 요구된다. 통일문제에 대한 현실적인 접근은 먼저 '분단현실의 인정'에서부터 출발하지 않으면 안 된다. 한반도에 상이한 두 국가가 엄연히 존재한다는 역사적 사실을 전제로 통일문제를 풀어나가야 한다. 다시 말하면 통일문제에 대한 접근은 '1민족 2체제'의 현실인정에 기초해야 한다. 진정한 평화통일은 쌍방의 합의를 바탕으로 적대적인 두 개의 체제가 평화공존의 협력적인 관계로 나아가고 다시 완전한 통합체로 발전하는 것을 의미한다. 이처럼 완전한 통일국가 형성까지의 과도적인 중간단계를 상정하는 것을 통일문제에 대한 현실적 접근 방법이라고 보았다.

'한민족공동체' 개념

공동체란 일반적으로 지역성과 공동체 감정에 기초한 공동생활이 행해지고 있는 일정한 지역사회를 말한다. 이러한 공동체가 '하나의 민족'이라는 자아의식에 기초해서 형성될 때 '민족공동체'라 불리는데, 그중에서도 한(韓)민족을 지칭할 때를 '한민족공동체'라 할 수 있다.

통일방안에서 '한민족공동체(The Korean National Community)' 개념을 정립할 때 선 사회통합, 후 정치통합이라는 기능주의적 의미가 있었다. 남북 간에 상호 인정, 불가침, 공존공영의 토대 위에서 남과 북이 연합('남북연합」)하여 우선 비정치적 분야(사회·문화·경제 등)에서의 단일 민족사회를 지향하여 민족공동체를 형성하고, 정치적 통합의 여건을 조성하면서 정치적 공동체를 형성, 즉 단일민족국가(통일)를 건설하는 통일의 과정을 거치자는 것이었다. 조금 더 부연하면, 남과 북은 서로 다른 이념과 체제 아래서 오랜 기간 지나오면서 서로를 믿지 못하는 가운데 대결하고 적대하는 관계를 쌓아 왔다. 그뿐만 아니라 성질이 전혀 다른 자유민주주의와 공산주의란 두 사회로 나뉘어 서로 다른 삶을 살아온 탓에 서로 살아가는 방법과 사물을 보고 느끼는 감정마저 달라져 있는 것이 남과 북의 현실이다. 이렇게 갈라진 채 서로 달라진 민족사회의 실상을 그대로 두고, 갑자기 휴전선만 터놓는다고 해서 우리가 원하는 통일을 이룰 수는 없는 것이다. 따라서 통일로 가는 길목에서 먼저 남과 북은 서로 다른 두 체제가 한반도 안에 엄연히 존재하고 있는 현실을 받아들여, 서로가 상대방을 인정하는 가운데 더불어 살아가면서 남북으로 나뉘어 있는 민족사회가 하나로 합쳐질 수 있는 바탕을 점차 키워 나가야 한다. 다시 말해 같은 민족끼리 당장은 합치지 못하지만 서로 간에 막혀 있던 문을 열고, 왕래하며 협력하는 관계를 넓혀 나가야 한다는 것이다. 사회, 문화, 경제 등 각 분야에서 서로 도우며 함께 살아가는 하나의 민족공동체를 다시 이룩할 수 있는 기반을 하나씩 마련한다면, 머지않아 정치적으로도 하나로 합칠 수 있는 여건과 환경이 만들어질 수 있음을 의미한다. 따라서 남과 북은 우선 서로의 이념과 체제를 인정하고 존중하는 토대 위에서 상호 교류와 협력을 통해 공존공영의 관계를 도모하면서 민족공동체를 회복·발전시켜 나가야 한다. 우리가 처하고 있는 현실 때문에 모두가 바라는 단일민족국가로의 통일이 당장 이룩되지 못할 바에는 모든 민족이 그동안 겪어야 했던 갈라진 삶에서 오는 고통과 불편을 최소한으로 줄여나가고자 하는 것이다. 아울러 미래 통일에 더 큰 도움이 될 수 있도록 오늘의 분단 상태를 효과적으로 관리해 나가는 쪽이 민족 전체의 이익과 장래를 위해 오히려 바람직하다는 것이다.

한편, 민족공동체와 통일문제와의 연관성에 관하여 노재봉 전 총리는 '정치적 결사'와 '민족적 공동체'라는 범주로 설명한 바 있다. 이에 따르면 개인은 어떤 형태로든 집단을 이루며 살아가는데, 집단에는 크게 두 종류가 있다. 하나는 어떤 공동목적으로 존재하는 '결사'이고, 다른 하나는 그 자체가 사실로 존재하는 '공동체'이다. 우리의 분단 상황은 정치적 결사에 의하여 민족적 공동체의 단일성이 위협되는 상황이기 때문에 민족공동체를 어떻게 정치체제(즉, 나라)로 승화시키느냐 하는 것이 통일문제의 진수라는 것이다.

민족공동체는 민족을 하나로 묶고 있는 뿌리이며 우리 민족이 재결합할 수밖에 없는 당위성을 가지고 있을 뿐만 아니라 그 자체가 통일의 실현을 가능케 하는 힘의 원천이기 때문이라고 설명한다.

통일방안에서 사용하는 '민족공동체' 개념에는 두 가지 주요 의미가 있었다. 하나는 정치·경제·문화·사회 공동체라는 공동 유산을 누려온 한민족의 동질성에 대한 일반 개념이고, 다른 하나는 북한의 연방제 방안에 대항하는 보다 구체적·특징적인 개념이었다. 역사적으로 한민족은 한반도를 중심으로 하나의 공동체를 이루며 정치, 경제, 사회문화 등 공통의 사회생활을 영위해 왔다. 공동체는 공통의 가치와 정체성을 가지고 특정 사회문화적 공간을 공유하는 사람들의 모임으로 정의되고 있다. 공동체는 좌(左)와 우(右)라는 이념적 대결을 넘어 인간성의 고양과 사회통합의 메시지를 담고 있다(이종수, 2008, 3).

통일방안은 통일을 원상복귀적인 공간적 개념이 아니라 민족공동체 회복이라는 미래지향적인 시간적 개념으로 보고 중간 단계적 성격의 통일과도체제를 설정하였다. 남과 북은 이 과도체제 안에서 통일국가를 지향하면서 평화를 정착시키고 민족동질성을 회복하며 민족공동생활권을 형성하는 과정을 밟아 나감으로써 사회적·문화적·경제적 공동체를 이루어 나갈 수 있을 것이다. 이렇게 함으로써 단일민족사회가 형성되고 '민족통일'이 이루어지는 가운데 정치적 통합의 여건이 성숙되어 나감으로써 궁극적으로 단일민족국가의 건설, 즉 '국가통일'이 완성되는 것이다. 이것은 국가통일 이전에 민족사회의 통일문제로 바라본 것으로 남한 사회와 북한 사회의 통합(a social unity)이 남한 정부와 북한 정부의 통합보다 우선적으로 다루어져야 할 과제로 파악하였다. 이는 "정치체제는 사회체제의 하부구조이다"라는 명제의 시각으로부터 나온 것이다. 사회가 정체(政體)에 우선하고, 정체가 국가에 우선하며, 국가는 정부에 우선한다는 정치학개론 내용 중 4개 동심원 이론의 요지이다. 즉, 사회가 먼저 형성되었고, 그 안에서 정치가 발생했으며, 그 결과로 국가가 형성되었고, 국가 안에 정부가 형성되었다는 것을 네 개의 동심원 그림으로 설명한다. 민주주의 사회에서 사회, 정치체제, 국가, 정부가 각각 상호 독립된 독자적 영역을 가지고 있다. 정부는 물론 국가가 간섭하거나 침해할 수 없는 사회의 독자적 영역이 있다. 이는 동시에 국가·정부가 정치체제와 그를 포괄하는 사회와 많은 부분을 공유하며 통합·유지하는 역할을 수행하고 있다는 의미이기도 하다(김학준, 2023, 157-158, 261-263).

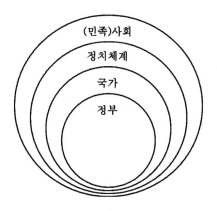

〈그림 2〉 (민족) 사회-정체(政體)-국가-정부 간 관계

'남북연합' 개념

노태우 정부는 남북한을 어떻게 하나의 지붕, 제도적 틀 속으로 묶느냐의 문제를 설명해 줄 보다 현실적인 통일방안을 개발할 필요가 있었다. 다시 말해 완전한 통일국가를 이룩하기 전까지의 남북 간의 통일업무를 관장해 나갈 중간단계 성격의 과도적 통일체제가 필요하였다. 이 '남북연합'은 현재와 같은 남북관계 상황 아래서 통일이란 목표를 성취해 나가기 위해서는 상호 불신과 대결이란 험하고 큰 강을 딛고 건너갈 수 있는 징검다리가 중간에 반드시 필요하다는 생각에서 고안해 낸 것이라 할 수 있다. 그 당시 민족사적 정통성 쟁탈 과정에서 남북한이 상호 간에 국가로 인정하기를 꺼리고 있고 또한 명분상으로도 상호 간에 국가로 인정할 수 없는 남북한 간의 특수한 관계를 고려하여 남한이 새로이 창안한 개념이다(김학준, 1990, 273-289).

한민족공동체통일방안에서 제시된 '남북연합(The Korean Commonwealth)'은 통일된 국가를 건설할 때까지 중간과정이며 남과 북이 상호협력하고 공존공영하면서 잠정적으로 특수하게 결합하는 형태이다. 다시 말하면 이는 국가 간의 관계가 아닌 민족 내부의 특수관계를 유지하면서 상호 간의 관계를 협의·조절하고 민족 이익을 추구해 간다는 점에서 국가연합(Confederation)과 다르며, 대외적으로 남과 북이 각기 주권국가의 지위를 보유한다는 점에서 연방국가(Federation)와도 다르다. 일반적으로 국가연합(Confederation)은 국제법상 주권의 독립성을 전제로 형성되는 국가 간의 상호작용의 형태를 의미하며, 영문 표현으로 '국가들의 연합(a union of states)'이다. 통합된 연방국가(Federation)는 단위국가로부터 중앙정부로의 통합을 위해 각국의 주권을 포기한 상태를 말하며, 주권국가의 형태를 취하는 하나의 정치체제에 속한 '개별국가들의 연합(a union of individuals)'이라고 할 수 있다. 따라서 이는 통일을 지향하면서도 특수한 정치적·법적 입장을 지니고 있는 남북 간의 특수한 과도기적 결합 형태일 뿐, '1민족 2국가'를 의미하는 국가연합(Confederation)은 아니다. 남북한처럼 민족적 동질성을 가진 경우에는 국가연합을 채택한 사례가 없었다. 국가연합은 잠정적 조치일지라도 '1민족 2국가' 체제를 연장한다는 시각에서 비난받을 수 있음은 물론 북한을 별개의 국가로 인정할 수 있기 때문에 거부감이 있었다.

〈표 6〉『국가연합』, 『남북연합』, 『연방제』 비교

	『국가연합』	『남북연합』	『연방제』
영문	Confederation	The Korean Commonwealth	Federation
개념	국제법상 주권의 독립성을 전제로 형성되는 국가들의 연합	남과 북이 공존공영하는 과도적 통일체제	개별국가들이 하나의 정체체제로 통합
주권	국가들 각기 보유	남·북 각기 보유	대외적으로 연방정부 보유
南北적용	1민족 2국가 2체제	1민족 2체제 2정부 (2국가 아님) 민족 내부 특수관계	1민족 1국가 2정부

남북연합을 다르게 표현하자면 '1민족 2체제 간 연합'이라 할 수 있다. 기능적 측면에서 보면, 여러 국가가 하나의 공동 생활권을 형성하면서 궁극적으로 정치통합을 지향해 나가고 있는 유럽연합과 유사한 개념이라고 볼 수 있다. 전인영은 "안으로 상호 간 관계를 협의·조절하고, 밖으로는 소모적 경쟁 지양하고 민족이익을 도모"하는 관계로 언급하며, "(남북연합에 대해) 고려연방제 통일방안과 마찬가지로 하나의 연방제 형태라는 점에서 현실적이고 설득력을 지닌 과도기적 통일체제로 볼 수 있다"고 하였다. 또, "북한이 보다 현실적이고 실리적인 대남정책으로 전환할 경우 남북연합안과 고려민주연방공화국안은 서로 절충되고 타협될 수 있는 소지를 지니고 있다"며 "(남북) 양측안 모두가 국가연합(Confederation) 형태의 체제를 보여주고 있음에 유의할 필요가 있다"며 공통점에 주안을 두어 설명하고 있다(전인영, 1990, 114).

구체적으로 남북한은 상대방 체제를 서로 인정하는 바탕 위에서 '민족연합'을 창설하여 외교와 국방을 제외한 모든 분야에서 인적 물적 교류를 촉진함으로써 신뢰가 회복되고 여기에 기초하여 '1민족 1국가'로서의 체제통일이 이루어진다는 것이었다. 따라서 체제연합 방안은 남북한이 국제관계에 있어서 각각의 주권을 행사하면서 현실적으로 남북을 분단시키고 있는 조건을 충족시키고, 다른 한편으로는 통일이라는 공동 목표를 달성시키는 잠재력을 가지고 있다는 것이었다. 이것을 포함한 한민족공동체통일방안은 한반도에서 두 개의 다른 체제 존재를 인정하고, 더 나아가 평화통일의 기반을 조성하게 될 교류와 협력의 기초 위에서 남북 간 쌍무 관계의 개선을 추구한다는 특징을 포함한 통일방안이 되었다는 것을 확인할 수 있었다. 결과적으로 남북연합은 국가연합(1민족 2국가)과 연방제(1민족 2지역 정부) 사이의 중간 상태인 체제연합(1민족 2체제)이라고 볼 수 있다(김학준, 1990, 275, 287).

'민족공동체'와 '남북연합'의 관계

노태우 정부는 '민족공동체'와 '남북연합'의 개념 및 관계를 정립하고 설명하는데 적극적이었는데 이를 요약하면 다음과 같다(장명봉, 1989, 36-37).

첫째, '남북연합'은 사회적·문화적·경제적 공동체를 형성해 가는 '민족공동체'의 회복단계로서 민족공동체의 미완의 상태라면, 진정한 '민족공동체'는 그 회복단계를 지나 정치적 공동체가 형성됨으로써 비로소 완성된다.

<그림 3> '한민족공동체통일방안' 기본 구도

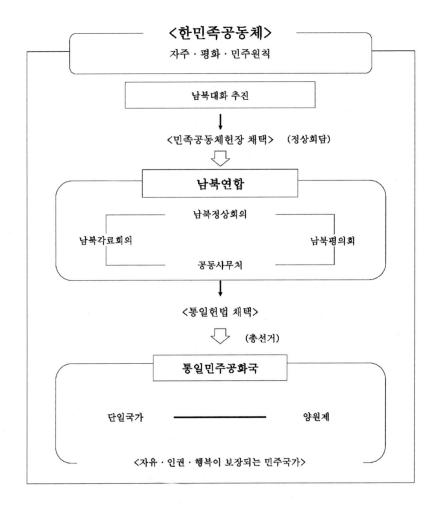

<한민족공동체>
자주 · 평화 · 민주원칙

남북대화 추진

<민족공동체헌장 채택>　(정상회담)

남북연합

남북정상회의

남북각료회의　　　　　　　　　　남북평의회

공동사무처

<통일헌법 채택>

(총선거)

통일민주공화국

단일국가　━━━━━　양원제

<자유 · 인권 · 행복이 보장되는 민주국가>

※ 출처: 국토통일원, 『한민족공동체통일방안 기본 해설자료』(1989.9), p. 13.

둘째, '남북연합'은 한마디로 '민족공동체'를 만들어가는 과정이라고 정의되고 있다. 이렇듯 '남북연합'은 최종단계의 '민족공동체(즉, 정치적 공동체)'를 지향해 나가는 과도적 통일체제로서 기능하는 것이며, '민족공동체'의 완성은 통일의 궁극적 목표가 되는 것이다. 결국 '민족공동체'를 구체적으로 구현 내지 제도화하는 것으로서의 그 수단적 의미를 가진다고 할 것이다.

셋째, '민족공동체'는 통일국가의 완성으로 끝나는 것이 아니라 우리 민족의 과거와 현재는 물론 미래에 있어서도 연결되는 개념으로 파악됨으로써 포괄적인 의미를 지닌다고 할 수 있다. 따라서 '남북연합'이 통일국가 건설 때까지 남북한이 상호 협력하고 공존 공영하면서 잠정적으로 특수하게 통합하는 형태로서 중간단계의 통일체제라면, '민족공동체'는 통일의 최종단계일 뿐만 아니라 우리 민족의 영원한 미래의 것이라고 할 수 있다.

'남북연합' 개념은 궁극적으로 '1민족 1국가' 체제의 창설을 주창한 1988년 7월 7일 노태우 대통령의 특별선언에서 나타난 보다 포괄적인 개념으로 사용된 것이었다. 1989년 1월 5일 통일원 장관은 '정부가 협력에 근거한 잠정적 국가연합의 창설을 조장하기 위해 한민족공동체안과 남북연합안, 즉 "1민족 2체제"에 기초한 체제연합을 구상하고 있으며 그것은 결국 1민족 1국가를 지향하게 될 것'이라고 발표한 것도 양자('민족공동체', '남북연합') 간의 이러한 맥락의 연장으로 볼 수 있다.

'한민족공동체' 및 '남북연합' 개념 정립 등 한민족공동체통일방안의 성안 작업은 시민사회 각계각층은 물론 전문가의 의견도 폭넓게 수렴하며 국민적 합의를 도출해 가는 과정을 거쳐 이루어졌다.

공청회 통한 시민사회의 의견 수렴

국회 통일정책특별위원회는 통일정책에 관한 공청회를 1989년 8월 31일 제도권 4개 정당을 대상으로 진행한 데 이어 그 다음 날인 9월 1일 아홉 개의 서로 다른 입장을 가진 시민사회단체의 대표들이 참석하여 진술하고 질의와 토론을 하는 공청회를 개최하였다. 참석자들은 진보적, 보수적 또는 중립적 입장 등 서로 상이한 견해와 입장을 표명하였다. 참석한 진술인들은 1천만이산가족 재회추진위원회 이사 김동환, 민족통일촉진회정책심의회 의장 김낙중, 한국자유총연맹 홍보국장 박석균, 전국민족민주운동연합회 조국통일위원회 위원장권한대행 이해학, 민족통일중앙회 의장 손재식, 대한변호사협회 공보이사 김성남, 한국기독교교회협의회 강문규, 언론계 원로 박동운, 한겨레신문 사장 송건호 등 총 9명이었다. 공청회에서 각계각층의 입장을 대변한 의견 진술이 있었다.

공청회에 참석한 진술인은 자신들의 의견을 개진하였고 아무런 제약 없는 토론이 벌어졌으며, 이를 통해 통일정책 결정 과정의 민주성을 확인하였다. 노태우 정부 정책결정권자는 한민족공동체통일방안 발표를 앞두고 최종적인 국민들의 의견 수렴 기회 및 국민적 공감대 확산의 계기로 해당 공청회를 활용하였다.

공청회에 참석한 김낙중 민족통일촉진회정책심의회 의장은 '3차 7개년 계획에 의한 평화통일 방안'을 제시하며, 평화통일 발전 단계를 총 4개로 설정하고 총 21년(4년+7년+7년+3년)이 소요될 것으로 추정하였다. 첫째는 평화통일 준비기인 제1단계의 평화공존 단계에서 시작하여 통일진행 제2단계인 국가연합(confederation) 단계 그리고 제3단계는 연방국가(federation)의 단계로 이어지며, 통일민족 국가를 완성해서 통일민족공동체를 완성하는 마지막 제4단계에 이르러서야 비로소 1민족 1국가 1체제가 완성된다는 것이다. 가장 먼저 요청되는 것은 적대적 대립 관계를 청산하고 공동체적 협력관계로 전환할 때에 대한 의지를 가지는 것인데, 이 점에서 노태우 대통령의 7.7 특별선언에 큰 의미를 부여하였다. 제2단계는 민정당의 남북연합 단계, 민주당의 국가연합 단계 그리고 평민당의 공화국연방의 초기 단계와 같은 것이라고 설명하였다. 북한은 한국 정부의 단계론적 통일론에 대해 통일을 하지 않겠다는, 또는 통일을 늦추겠다는 「반통일론」이라고 비난해왔다. 하지만 재야인사도 단계적 통일론을 제시함으로써, 이에 대한 북한의 반통일론 주장은 설득력을 잃게 되었다.

박선균 한국자유총연맹 홍보국장은 통일의 개념을 민족성원 모두의 자유와 평화, 번영과 행복을 누릴 여건의 확립이라고 보았다. 동시에 자유민주주의가 민족의 복지를 향상시킬 유일한 길이며, 통일전략으로 북한에게 공산통일이 불가능하다는 사실을 인식시키는 것이 중요하다며 북한의 자유화와 개방을 촉구하였다.

　이해학 전국민족민주운동연합회 조국통일위원회 위원장권한대행은 통일논의는 분단을 극복하고 통일을 지향하는 것이어야 하며, 7.4 남북공동성명에서 합의한 자주, 평화, 민족대단결 조국통일 3원칙에 입각한 실천이어야 한다는 입장을 피력하였다. 통일정책의 방향으로 첫째, 한반도의 평화정착을 위한 실질적 조치가 있어야 하고, 둘째로 통일논의와 실천에 국민적인 참여가 보장되어야 하는데, 우선 국가보안법을 폐지하는 것이 시급한 과제이며 민간 차원의 자주적 교류 운동이 보장되어야 한다. 셋째로 연방제 방식의 통일방안에 대한 국민적 합의를 도출해야 한다는 것이었다.

　손재식 민족통일중앙회 의장은 통일의 3가지 원칙으로 자주, 민주, 평화를 언급하고, 그 중 민주적 절차에 따라 민족성원의 의사로 통일문제를 결정하는 '민주'가 '자주'와 '평화' 통일까지 포괄하기 때문에 가장 중요하다는 의견을 피력하였다. 또한 통일국가의 수립 절차 및 통일의 방책과 대화 문제에 대해서도 언급하였다. 통일에 결정적 장애요인이 되는 남북한의 이념과 체제의 상극성과 주변 4강의 이해관계의 상충성을 극복하기 위해서는 교류와 개방을 통한 민족적 합의의 형성과 결속된 민족적 통일 역량의 발현에 최선을 다해야 한다는 것이었다.

　김동환 1천만이산가족재회추진위원회 이사는 통일문제를 이산가족의 분단으로 인한 고통 해소를 통한 민족공동체 회복이라고 주장하였다. 이산가족 문제 해결을 위해 국민적인 합의가 기초가 되어야 하며, 북한당국의 호응도 있어야 하기 때문에 인내심을 가지고 꾸준히 노력해야 한다는 것이었다.

김성남 대한변호사협회 공보이사는 우선 분단현실에 대한 법적·사실적 인식과 남북관계의 구조적인 특징 및 통일정책 방향에 대해서 언급하였다. 1953년 휴전협정은 유효기간 규정이 없고 상대방에게 통고만 하면 언제든 적대행위를 재개할 수 있는, 지극히 불안정한 상태이므로 전쟁상태를 종식시키는 평화협정의 체결이 남북관계 정상화의 요체라고 주장한다. 한반도에 남북한의 두 체제 또는 두 실체가 엄존한다는 현실을 인정해야 하며 남북한 상호 인정 없이 평화통일은 있을 수 없다는 입장을 피력하였다. 통일논의는 자유민주주의적 절차에 충실해야 하며 통일정책에 대한 국민 의사의 통합과정이 충분히 실현되어야 한다. 북한의 실용주의적 노선의 출현을 돕는 적극 대책 강구와 함께 서로의 법적 지위를 명시적으로 인정하도록 노력해야 한다는 것이었다. 이런 맥락에서 공청회 참석자가 남북한 상호 인정의 필요성에 동의한 것은 정부의 평화통일정책의 출발점에 대한 국민적 공감대가 형성된 것으로 볼 수 있었다.

　강문규 한국기독교교회협의회 통일위원 겸 정책위원장은 민간 통일운동의 한 주체로서 한국기독교교회협의회가 국제기구인 세계교회협의회를 매개로 북한의 조선기독교도연맹과 남북한 기독교 교류와 협력을 하고 있는 한국기독교교회협의회 통일운동의 구조적인 틀과 현황에 대해 설명하며 통일에 관한 원칙 및 남북간 긴장완화에 대한 제안을 하였다. 한국교회협의회와 북한 조선기독교도연맹은 세계교회협의회 주선하에 스위스 글리온에서 1986년 9월과 1988년 11월 두 차례 모임을 가졌고 미국의 교회협의회 주관하에 워싱턴에서 모인 한반도평화·통일협의회를 계

기로 1989년 4월 세 번째 모임을 가진 바 있다. 한국교회협의회
는 1988년 2월 29일 총회 결의로써 '민족의 통일과 평화에 대한
한국기독교회선언(약칭 '88선언')'을 통해 통일이 국가의 공동성과
이익뿐만 아니라 인간의 자유와 복지를 보장해야 한다는 점에서
인도주의적 배려와 조치가 추가되어야 한다는 원칙과 통일의 주
체를 국민 내지 민중에다가 둔다는 원칙을 밝혔다고 강조하였
다. 1988년 2월 당시에는 통일논의는 국가가 주도하고, 민간의 통
일문제와 관련한 논의는 제약을 받았던 시기였기 때문에 88선언
은 한국교회의 통일운동의 한 획을 그은 사건으로 평가받고 있다.
88선언에서 남과 북의 민중이 통일문제에 주체적으로 참여할 수
있는 원칙을 제시하였다. 그로부터 4개 여 월 후 발표된 노태우 정
부의 7.7 선언에는 남북 간 자율적인 민간교류 확대와 관련한 내
용이 포함되었다. 이에 대해 88선언의 내용이 7.7 선언에 영향을
주어 상당히 수렴된 것으로 보고 있다.

박동운 언론계 원로는 민주화 측면에서 남한의 사회화와 북한의
자유화가 필요하며, 동서 간 긴장완화와 한반도 평화체제 및 우호
적 국제여론 등에 대해 설명하면서, 통일방안의 창출보다도 민주
화와 개방화 등 통일의 조건 형성이 중요하다는 입장을 피력하였
다. 7.4 남북공동성명 조국통일의 3대 원칙은 자주, 평화, 민족적
대단결인데, 통일을 하는 데 있어서 이념·사상·체제를 초월한 민
족대단결은 비역사적인 발상이며, 민주화 문제와 개방화 문제를
새로이 통일의 원칙으로 삼아야 한다고 언급하였다.

송건호 한겨레신문 사장은 우리 민족의 모든 불행의 원인은 분
단에 있다며 통일문제를 사상대립 문제와 이권대립 문제로 대별

하여 분석하면서, 기득권층을 포용한 체제연합과 유엔을 활용한 평화보장 방안을 제안하였다. 평화협정을 체결해서 외국군대와 핵무기를 철수하기 전에는 한반도 문제는 해결되기 어렵다는 입장을 피력하였다.

박관용 위원장은 1989년 8월 31일과 9월 1일 이틀에 거친 통일정책에 관한 공청회를 통해 여야 4당과 9개 사회단체가 제시한 통일방안 및 통일정책의 골자가 내용적 측면에서 상당한 상호 접근을 보여주었다고 의미를 부여하였다. 구체적으로는 남북 2개 국가의 실체를 인정하고 완전 통일로 가는 과도적 잠정 형태로 통합을 추진한다는 것이며, 통일논의에 대한 이견이 있었음에도 불구하고 구체화되고 다듬어지며 수렴되어 가는 과정은 우리 민주사회의 저력을 보여준 것이었다고 성과를 정리하였다.

헌정사상 최초로 국회에서 개최된 통일정책에 관한 공청회는 통일문제에 대한 국민적 합의 형성의 모델을 보여준 것으로 향후 통일정책 추진에 있어서 여·야 간 초당적 협력·협치를 통한 국민적 합의 기반을 마련하는 데 있어서 정책적 함의를 주었다.

2-9.
국민적 합의사항을 반영한
한민족공동체통일방안

통일방안에 5개 국민적 합의사항을 모두 반영

　노태우 정부는 출범 후 약 2년 동안 설문조사, 전문가 의견, 각 당 입장, 언론 논조 분석·정리, 각계 간담회·세미나 등 여러 가지 방법을 통하여 확인된 통일정책 및 통일방안과 관련한 국민적 합의사항을 다섯 가지로 정리하였다(이홍구, 1990, 17). 그것은 첫째, 통일은 단계적으로 실현될 수밖에 없다는 점이다. 둘째, 통일을 위해서는 남북이 제반 분야의 교류·협력을 추진하면서 동시에 군사적 긴장상태를 해소하는 노력을 기울여야 한다는 점이다. 셋째, 통일을 추진하는 데 있어 남북한은 서로의 존재를 인정하고 동등한 입장에서 출발해야 한다는 점이다. 넷째, 민족구성원의 구체적인 삶의 내용을 담은 통일국가의 미래상이 제시되어야 한다는 점이다. 다섯째, 통일은 자주·평화·민주적 원칙에 따라 이루어져야 한다는 점으로 요약될 수 있다.

노태우 정부의 한민족공동체통일방안 입안 과정은 사실상 이와
같은 국민적 합의사항을 어떻게 엮어 체계화하느냐 하는 작업이
었다. 노태우 대통령은 출범 직후부터 국민들의 다양한 통일논의
를 활성화하고 수렴하는 작업을 꾸준히 진행하였다. 다만 헌정질
서 범위 내에서 북한의 통전과 급진세력의 확산을 경계하면서 민
주적 원칙과 절차를 지키는 한계를 분명히 하였고 이를 통해 국민
의 신뢰를 얻을 수 있었다. 1989년 9월 11일 노태우 대통령이 발
표한 한민족공동체통일방안의 내용을 보면 이러한 국민적 합의사
항이 통일방안에 모두 반영된 것을 알 수 있다. 이것을 정리하여
종합한 것이 아래 〈표 7〉이다.

〈표 7〉 통일방안 관련 국민적 합의사항과 한민족공동체통일방안 비교

국민적 합의사항	『한민족공동체통일방안』	반영 여부
① 통일은 단계적으로 실현될 수밖에 없다	통일로 가는 과도적 체제로서 남북연합을 설정	○
② 통일은 자주·평화·민주적 원칙에 따라 이루어져야 한다	자주·평화·민주의 통일 3원칙을 국민적 합의로서 재확인	○
③ 통일을 위해서는 남북이 제반 분야의 교류·협력을 추진하면서 동시에 군사적 긴장상태를 해소하는 노력을 기울여야 한다	민족동질성의 회복을 위한 교류와 협력과 병행하여 정치군사 문제도 적극 협의하고 해결	○
④ 통일을 추진하는 데 있어 남북한은 서로의 존재를 인정하고 동등한 입장에서 출발해야 한다	연합체제 아래서 남과 북은 서로의 체제를 인정하고 공존공영	○
⑤ 민족구성원의 구체적인 삶의 내용을 담은 통일국가의 미래상이 제시되어야 한다	자유와 인권, 행복이 보장되는 민주주의 국가건설	○

'한민족공동체통일방안' 발표 후 여론조사 결과

한민족공동체통일방안 발표 직후 국토통일원은 한국갤럽조사연구소에 의뢰하여 전국 18세 이상 남녀 국민 1,500명을 대상으로 한민족공동체통일방안에 대한 국민여론을 1989년 11월 7일부터 11월 24일까지 조사하였다. 이에 따르면 통일에 대한 국민들의 관심도는 89.2%로 매우 높았다. 통일체제의 방향에 대해 82.9%가 자유민주주의 체제를 옹호하였다. 한민족공동체통일방안에 대해서는 국민의 반수인 47.5%만이 인지하고 있어서, 여야 정치권의 합의 노력에 비해 낮은 수치를 기록, 일반 국민들에 대한 홍보의 필요성을 보여주었다. 국민들은 한민족공동체통일방안 명칭에 대해 72.4%가 좋은 느낌을 받고 있었다. 또한 한민족공동체통일방안 관련하여 북한의 개방화, 자유 인권 촉구의 타당성/필요성에는 82.8%, 남북정상회담의 필요성에는 88.4%가 공감하는 등 통일·대북정책 추진 방향에 대해서는 국민 대다수가 동의하고 있는 것으로 나타났다.

한민족공동체통일방안에 관해서 국민의 60% 정도가 자신들의 의견을 반영한 것이라고 평가하여 일단 국민 과반수 이상의 공감대를 형성해 냈음을 알 수 있다. 한편 한민족공동체통일방안의 실현 가능성에 대한 일반 국민들의 예상은 반반 정도로 나타났다. 이것은 1989년 하반기 여론조사 실시 당시 남북관계가 아직 남북고위급회담 본회담(1990년 9월부터 시작)이 열리기 전 불확실한 상황이었고, 북한도 기존 통일·대남 전략을 견지하고 있어서 향후 정세 전망이 불투명한 것에서 기인한 것이었다. 1980년 말 동유럽에서 진행된 탈냉전의 분위기가 한반도와 동북아에 영향을 미치기에는 시간이 더 필요하였다.

요약

대통령의 국민소통 리더십 역할

노태우 대통령이 보여준 국민소통의 리더십

☐ 1988년 제6공화국 출범 전후 민주화의 진전과 더불어 통일논의도 활성화되었고, 노태우 정부는 시민사회에서 분출된 통일문제에 대한 논의를 개방하였다.

☐ 남북학생회담 개최 이슈를 중심으로 급진적 통일논의가 확산되었다. 이에 대해 대북 협상창구 단일화 등 법과 원칙에 따라 대응해 나가는 한편, 북한·소련·중국을 대화와 협력의 상대로 전환하는 전향적인 통일정책과 북방정책을 통해 국민적 공감대를 형성해 나갔다.

☐ 노태우 정부 출범 초부터 통일문제에 대한 각계각층의 국민적 의견을 광범위하게 수렴하였다. 국회 통일정책특위 주최 공청회 등을 통해 보수·중도·진보 진영의 시민단체와 소통하면서 '한민족공동체'와 '남북연합' 개념 정립 등 새로운 통일방안을 마련해 나갔다.

□ 통일방안에 대한 국민들의 다양한 의견들을 5가지로 정리하여 '한 민족공동체통일방안'에 모두 반영하였다. 국민적 의견 수렴 과정을 거쳐 여야 합의로 채택된 한민족공동체통일방안은 국민적 합의 기반을 가진 통일방안이 되었다.

제3장

여야 합의와 대통령의
정치협상 리더십

한민족공동체통일방안은 민주화로 출범한 노태우 정부와 제13대 여소야대 다당제 국회 정치체제가 협업하여 국민적 합의를 형성한 통일방안이었다. 그 시작도 초당적이었으며, 보수·진보 역대 정권이 공히 지지해 온 통일정책의 가장 근간이 되는 방안이었다. 국민의 의사를 대표하는 국회에서 여야 간 초당적 협력을 통한 합의 결과는 국민적 합의를 형성한 것으로 볼 수 있다.

　노태우 대통령은 여소야대 다당제 정치체제 상황에서 초당적 협치기반을 마련하기 위해 공을 들였다.

　제13대 국회는 개원 초부터 통일정책특별위원회를 구성·운영하는 등 국회 차원의 여야 간 초당적 협력이 활성화되었다. 특히, 국회 특위 공청회를 통해 여야 4당이 한민족공동체통일방안과 관련하여 종합적인 의견 수렴 논의를 하였다.

　국민의 의사를 대표하는 국회에서 여야 간 초당적 협력을 통한 합의 결과는 국민적 합의 기반의 정당성을 가졌다.

3-1.
여소야대 국회와 초당적 협력 의의

 1988년 4월 26일에 실시된 제13대 국회의원 선거를 통해 제6공화국 첫 국회가 구성되었다. 총 299석 중 여당인 민주정의당이 125석, 야당인 평화민주당 71석, 통일민주당이 59석, 신민주공화당이 35석, 무소속이 9석을 차지하며 정당정치가 정착된 이래 최초로 집권여당이 과반수 의석확보에 실패하는 이른바 여소야대(與小野大)의 정국이 형성됐다. 여당 일방 독점의 시대에 종언을 고하고 야당이 지배하는 새로운 4당 체제의 국회, 대화와 타협의 정치시대가 열렸다. 이제 야당은 헌법개정(제130조 1항), 국회의원 제명(제64조 3항), 대통령에 대한 탄핵소추(제65조 2항)의 세 가지 경우를 제외하고는 무엇이든지 할 수 있게 됐다.
 그러나 평화민주당, 통일민주당, 신민주공화당 등 제도권의 야 3당이 표면적으로는 공조체제를 강조하면서도 명시적인 연합형성은 기피하고 있었다. 어느 정당도 서로 비난을 할지언정 극단적인 연합배제는 회피하고 있었다. 즉, 야 3당은 전략적 협치 구조에 따라 각 당의 지지기반을 유지하는 가운데 필요에 따라 초당적 협력을 하였다. 다시 말해 야 3당은 표면적으로는 공조체제를 강조하고 있었지만 명시적인 연합형성은 기피하고 있었다(김준한, 1989, 78). 이는 여당의 입장에서 여·야 간 초당적 협력을 할 수 있고, 대통령을 비롯한 정부 입장에서 야당과 협력하며 협치를 해 나갈 수 있는 여건이 마련되었음을 의미한 것이었다.

여소야대 국회는 제6공화국의 국회활동을 활성화시키는 직접적인 계기가 되었고, 통일정책적 차원에서는 여야 간에 초당적 협력·협치를 통해 국민적 합의의 형성을 촉진하는 요인으로 작용하였다. 이홍구 통일원장관은 13대 국회를 가장 민주적이고 생산적인 국회로 회상하면서, 한민족공동체통일방안이 국민적 합의하에 발표된 후 역대 정부를 거쳐 계승되어 올 수 있었던 것도 4당의 초당적 협력 기반이 있었기 때문이라고 평가한 바 있다.

첫 여소야대 교섭단체 4당 체제

제6공화국 출범(1988년) 이후 2024년까지 국회의원 선거는 총 10번 있었다. 1988년 5월 개원한 제13대 국회는 헌정사상 첫 여소야대 4개 교섭단체 제도권 정당체제로 출발하였다. 제6공화국 역대 국회 중에 '여소야대 다당제(교섭단체)' 국회는 1988년 제13대 국회 이래 2016년 제20대 국회가 유일하다. 하지만 국회의원과 대통령의 임기가 4년과 5년으로 달라서 노태우 정부와 같은 해에 개원한 제13대 국회를 박근혜 정부 3년이 지난 시기에 개원한 제20대 국회와 동일 기준으로 비교하는 것은 적절하지 않다. 또한 박근혜 대통령은 제6공화국 역대 대통령 중 유일하게 과반수 득표율인 51.55%로 당선된 대통령이기도 하다. 결론적으로 노태우 정부 시절의 제13대 여소야대 다당제 국회와 같은 성격을 가진 국회는 아직까지 나오지 않았다. 이것은 대통령 지도자의 리더십 자체가 서로 다를 뿐만 아니라 그 리더십이 발휘되는 정치구조도 다르다는

〈표 8〉 제13대~제22대 국회 여·야당 분포

제13대 ('88) 299석	여 당		야 당					
	민주정의당		평화민주당		통일민주당		신민주공화당	
	125석	41.80%	70석	23.41%	59석	19.73%	35석	11.70%
제14대 ('92) 299석	민주자유당		민주당		통일국민당			
	149석	49.83%	97석	32.44%	31석	10.36%		
제15대 ('96) 299석	신한국당		새정치국민회의		자유민주연합			
	139석	46.48%	79석	26.42%	50석	16.72%		
제16대 ('00) 273석	새천년민주당 (자유민주연합)		한나라당					
	115석(17석)	42.12% (6.23%)	133석	48.71%				
제17대 ('04) 299석	열린우리당		한나라당					
	152석	50.83%	121석	40.46%				
제18대 ('08) 299석	한나라당		통합민주당					
	153석	51.17%	81석	27.09%				
제19대 ('12) 300석	새누리당		민주통합당					
	152석	50.66%	127석	42.33%				
제20대 ('16) 300석	새누리당		더불어민주당		국민의당			
	122석	40.67%	123석	41%	38석	12.67%		
제21대 ('20) 300석	더불어민주당		미래통합당					
	180석	60%	103석	34.33%				
제22대 ('24) 300석	국민의힘		더불어민주당		기타 (조국혁신당, 개혁신당 등)			
	108석	36%	175석	58.33%	17석		5.66%	

※ 출처: 중앙선거관리위원회 통계 및 언론 보도

것을 의미한다. 강력한 대통령제하에서의 여소야대 다당제 국회
는, 지도자에게 많은 권력이 집중되어 있을수록, 또 국내 정치가
불안정하거나 모호할수록 지도자의 영향력이 더 커진다는 리더십
의 역할 가설에 부합될 가능성이 높다고 볼 수 있다.

대통령제하에서 대통령이 속한 정당, 즉 여당이 국회의 과반을
차지하지 못할 가능성은 항상 존재하며 이럴 경우 국회는 대통령
이나 행정부의 의도대로 움직이지 않을 가능성이 있다. 현행 헌법
은 대통령 선거에 결선투표제를 반영하지 않기 때문에 국민 대다
수의 득표를 얻지 못하더라도 한 번의 선거로 다수 득표한 후보가
대통령으로 당선된다. 노태우 대통령은 전국 득표율 36.64%로 당
선되었는데, 이는 다시 말해 63.36%의 국민이 노태우 대통령 후보
를 지지하지 않았음을 의미한다. 국민 다수의 선택을 받지 못한 대
통령이 정책을 일방적으로 추진할 경우 야권 세력의 반대에 부딪
힐 가능성이 큰 것이다. 이에 대한 보완책 중의 하나가 바로 여·야
간 초당적 협력·협치를 통해 국민적 합의에 기반하여 정책을 추진
해 나가는 것이다. 국민적 지지기반을 가지고 있어야 정책의 추동
력이 생기며 지속가능성을 담보할 수 있기 때문이다.

3-2.
노태우 대통령의 5자회담 통한
여야 지도자 간 신뢰 제고

1987년 6월 민주정의당 노태우 대통령 후보의 당선은 결과적으로 6.29 선언을 가져왔다. 당시 대한민국의 민주화는 권위주의 세력과 민주화 운동 세력 간의 대립과 충돌에도 불구하고 명확한 승자를 만들지 못했다. 6.29 선언은 이들 양 세력 간의 타협의 소산이라고 볼 수 있겠다(강원택 외, 2017, 31-61). 6.29 선언 이후 대통령 직선제를 핵심으로 하는 개헌과 제13대 대통령 선거가 치러졌다. 국민 투표를 통해 제5공화국의 권위주의 체제를 국민적 정통성과 정당성을 가진 제6공화국의 민주주의 체제로 바꾸어 놓은 것이다. 노태우 대통령은 이러한 민주적 정당성을 가지고 구 권위주의 세력을 민주화 세력으로 교체하면서 여소야대 정국에서 여·야 간 타협과 합의를 해 나갔다. 이를 기반으로 새로운 민주적 원칙과 절차를 구현해 나갔다.

노태우 대통령은 야당 총재와의 대화에 기본적으로 '필요할 때는 언제든 만날 수 있다'는 원칙을 세웠고 실제로 1988년 4월 총선 이후 여야 총재회담을 수시로 가졌다. 노 대통령은 김영삼·김종필 총재와는 취임 전부터 만나 대화를 나누었고, 김대중 총재와는 취임 후 서울 올림픽의 성공 협조를 요청하기 위해 만남을 시작하며 동반자적 여야관계의 첫걸음을 떼어 기분이 좋았다고 회고한 바 있다. 노 대통령은 취임 93일 만인 1988년 5월 28일 야당 총재들과 청와대 영수회담을 가졌다. 이 회담에서 노 대통령은 남북한이 서로가 번영을 이룩하는 동포애적 차원으로 인식을 전환하여 '민족이 함께 잘사는 공동체를 이룩한다는 입장에서 통일정책을 추구할 것'이라고 말하고 통일정책 수립에 있어서도 야당의 입장과 의견을 적극 수렴하여 정책에 반영하겠다며 여·야 간 초당적 협력·협치에 대한 신념을 밝혔다.

노태우 대통령은 여야 동반자 시대를 선언하고 원활한 국회 운영을 위해 5자회담을 자주 개최하였다. 참석자로 여당에서는 대통령과 대표위원, 야당에서는 3당의 총재가 참석했고 각 당의 입장은 5자회담에서 조율되었다. 여야 영수회담 명칭에 대해 노태우 대통령은 여야 4당 대표와 하는 "5자회담"으로 표현했으나, 당시 김영삼 통일민주당 총재는 이를 "청와대 4자회담"으로 표현하였는데 이를 통해 여·야의 입장에 따른 미묘한 차이점을 볼 수 있다.

한편 노태우 대통령은 야 3당 총재와의 만남 이후 김대중 평화민주당 대표, 김영삼 통일민주당 대표, 김종필 신민주공화당 대표와 1:1 영수회담을 갖고 제도권 정당 전체와 협의 정치를 하였다. 이를 통해 노태우 대통령은 야당과의 정치적 협치 체계 기반을 다져 나갈 수 있었다. 노 대통령은 '난국을 헤쳐 나가기 위해 시민의

식의 향상도 필요하지만 결국 정치가 중요하다.' '특히 지도자들이 자신의 한계를 인정하고 부족한 부분을 채우기 위해서는 다른 입장이나 세력과도 협력하고 수용하겠다는 마음가짐을 가지고 협치의 제도화와 관행이 이루어져야 한다.'는 생각을 가졌다고 회고한 바 있다. 이러한 초당적 협치와 협력의 결과 때문인지 제13대 초반 여소야대 국회에서는 모든 법안이 여야 합의로 처리되었기에 어느 때보다 만장일치가 많았다.

한편 노태우 대통령은 국회에서 여소야대를 국민의 뜻이라고 받아들이면서 다른 문제도 그렇지만 특히 북한과 통일에 대한 문제는 국회에서 충분한 토론을 통해 합의를 끌어내고 그 바탕 위에서 정책을 추진하는 것이 좋겠다는 뜻을 지녔다. 그리고 이러한 생각을 참모들과도 공유하며 통일정책에 대해서도 정치적 협력 기반을 다져나갈 수 있었다.

3-3.
야당 통일방안과의 공감대 형성

통일방안 마련과 관련하여서도 여소야대 다당제 국회에서 야당
과의 협력·협치를 통해 국민적 합의 기반을 마련할 필요가 있었
다. 노태우 대통령은 한민족공동체통일방안의 내용뿐만 아니라
여야 4당이 함께해야 한다는 국민적 합의 기반에 대한 강한 의지
를 갖고 있었다. 노태우 대통령은 스스로 '내가 센터포워드(최전방
공격수)가 아니고 세 분 야당 총재들이 센터포워드다. 4당이 같이
해야 한다. 다른 민주적 방법은 없다'라고 생각했다. 이홍구 통일
원장관도 노 대통령이 어떤 쪽으로 가라는 얘기를 한 번도 한 적
이 없으며, 내(이홍구)가 평화민주당 김대중 총재, 통일민주당 김영
삼 총재, 신민주공화당 김종필 총재 등을 찾아가서 논의하고 상의
하며 그들의 의견을 충분히 수렴하였고, 3김 총재가 노태우 대통
령의 입장을 믿었다고 회고하고 있다. 당시 3김 총재 야당 지도자
들은 자기 당에 대한 절대적인 컨트롤을 가지고 있었다. 이렇게
한민족공동체통일방안은 그 내용 못지않게 이를 성안하고 확정하

기까지 많은 여야 당정 간 논의·협의와 민간 통일단체들과의 의견 수렴 등 국민적 소통이 있었다. 한민족공동체통일방안은 민주적 과정을 거쳐 국민의 뜻과 지혜를 종합하고 여·야 4당의 합의를 거쳐 만들어지게 된 것이었다(이홍구, 1996, 362).

7.7 선언에 대한 야당 지지 및 초당적 협력기반 마련

평화민주당, 통일민주당, 신민주공화당 등 제도권 야 3당은 1988년 7월 7일 당일에 모두 대변인 명의 성명 발표 등을 통해 노태우 대통령의 7.7 선언을 적극 지지하였다. 최형우 민주당 총무는 "민족의 대화합을 위한 획기적 제안"이라 높이 평가하였고, 박관용 국회 통일정책특별위원회 위원장은 "이 선언이 끼칠 영향은 정치 경제 외교 문화 부문 등 다방면에 걸쳐 매우 클 것"이라 전망하였으며, 김종필 공화당총재는 "이러한 제의는 우리 국력이 대북제의를 할 정도로 신장된 데 기인하는 것"이라고 긍정적으로 평가하였다. 이로써 7.7 선언에 대한 정치권의 초당적 협력기반은 마련된 것이었다.

이는 국민들의 통일운동으로 7.7 선언이 촉진된 측면도 있지만, 노태우 대통령이 통일외교 문제를 특정 정파나 정권의 전유물로 보지 않고 7.7 선언 발표에 앞서 4개 정당 대표와 협의를 거치는 등 이전과는 달리 초당적으로 국민합의를 거치는 절차와 협치 형식을 취한 데 기인한 측면도 많았다. 국회는 1988년 7월 8일 통일정책특별위원회를 소집하고 7월 22일에 상임위인 외무통일위원회를 개최하여 이홍구 통일원 장관에게 7.7 선언의 배경과 앞으로의 방향을 설명하도록 요청했다. 이후 두 위원회는 간담회나 공식회의의 형식을 통해 통일원 장관의 출석을 자주 요청했다. 이 장관은 7.7 선언을 "형식으로는 대통령 특별선언이지만, 사실에 있어서는 국민의 선언이다"라고 말하고, 국토통일원이 기존의 '민족화합민주통일방안'을 보완하려고 연구하고 있으며, 중국과 소련과는 개별적으로 '공동경제권' 수립을 구상하고 있다고 밝혔다. 7.7 선언에 공감한 당시 야당 지도자 김영삼과 김대중은 그 당시 북방정책의 성공을 위해 전통적 적성국가를 향한 현장 외교에 동참하였다. 김영삼 통일민주당 총재가 1989년 6월 2일부터 6월 9일까지 한국 정치인 최초로 소련을 방문하였고 이는 이듬해 1990년 9월 체결된 '한·소 수교'란 결실을 맺는 데 기여하였다. 이렇게 초당적 외교 협치의 성과를 올릴 수 있었던 것은 노태우 대통령이 야당 지도자와의 신뢰 구축 및 초당적 협력·협치 기반을 쌓은 데 기인한 측면이 많았다.

김대중의 통일방안과의 공감대 형성

야당 총재 중 김대중 총재가 통일방안에 가장 관심이 많았다. 따라서 한민족공동체통일방안 마련과 관련하여 김대중 총재가 동의하는 것이 정치적 합의에 가장 중요한 부분이었다. 한민족공동체통일방안과 김대중의 3단계 연방제 통일방안은 여러 가지 면에서 유사점이 많았다.

김대중의 3단계 통일방안은 1971년 2월 미국 방문 중 내셔널프레스클럽에서 발표한 "3단계 통일론"으로 시작되었다. 1단계로 무력포기에 따른 남북 간에 긴장을 완화하고, 2단계로 비군사적인 기자·서신·체육 등의 교류를 하며, 3단계로 정치 및 경제적 교류를 하는 것으로 구성되어 있었다. 이것은 1980년대 중반에 보완된 "3단계 통일론" 즉, 1단계는 평화공존을 위해 동족끼리 전쟁을 않는다 약속하고 동시에 긴장완화를 위해 쌍방이 평화협정을 체결하고, 2단계는 평화적 교류를 확대하며, 3단계로 평화적 통일 이룩하자는 것으로 '공화국 연방제 통일방안'으로 명명되었다. 이후 나중에 1994년 '3원칙 3단계 통일방안'으로, 1995년 8월에는 '김대중의 3단계 통일'론으로 진화한 것이었다.

김대중은 북한의 고려연방제에 대한 '오해'를 의식해서 '연방제 통일방안'을 대통령 선거공약으로 제시하지는 않았다. 1997년 12월 김대중 대통령으로 당선된 이후 김대중 정부는 새로운 통일방안을 내놓지 않고 김영삼 정부의 '민족공동체 통일방안'을 계승했다. 이것은 한민족공동체통일방안에 4당이 합의한 국민적 합의 기반뿐만 아니라 그 당시 합의한 野 3당 총재가 노태우 대통령 이후 김영삼 대통령과 김대중 대통령으로 이어져 역대 정부를 형성하며 정부의 공식적인 통일방안으로 그대로 계승되어져 왔기 때문이다. 더 나아가 2000년 6월 김대중 대통령과 김정일 국방위원장 간의 최초 남북정상회담에서 남과 북은 통일방안의 중간단계인 연합제 안과 낮은 단계의 연방제 안의 공통성을 인정하는 내용을 '남북공동선언'에 포함하여 합의하였다.

1989년 2월 24일 국회 외무통일위원회에서 국토통일원이 남과 북의 '체제연합'을 연구하고 있다고 보고하였다. 이홍구 통일원장관은 "한반도에는 두 개의 체제가 하나의 기정사실로 존재하고 있다는 인식 아래, 통일이 될 때까지 잠정적 조치로 어느 쪽도 상대방을 흔들지 않는다는 조건을 유지한 채 두 체제를 연결하고 그 위에 하나의 지붕을 얹는다는 것이 '체제연합'의 기본 발상"이라고 설명하였다. 이홍구 장관의 '체제연합' 설명을 듣고 당시 국회의원으로서 국회 외무통일위원회에 참석한 평화민주당 김대중 총재는 1987년 대통령 선거 때 자신이 제의한 '공화국연방'안과 '체제연합'안 사이에 무슨 차이가 있는지 질문하였고, 이 장관은 아무런 차이가 없다고 대답했다. 그러자 김 총재는 "그렇다면 정부와 여당 그리고 친여단체들은 어째서 나의 안을 '친북적'이라고 비난하느냐"고 반문하였고, 이 장관은 김 총재의 안은 전혀 '친북적'이 아니며 국토통일원의 연구에 하나의 중요한 참고자료가 되었다고 답변하였다. 또한 "통일방안은 당위성, 실현 가능성, 국민적 합의 세 가지 기준에 부합될 때만이 힘을 가지고 집행될 수 있는데, 북한의 고려연방제는 비현실성 때문에 고려의 가치가 없고, 결국 양쪽 독립정부를 유지하면서 다른 한편으론 영구분단의 제도화가 되지 않으며 통일 지향의 과정으로 가도록 남북관계를 어떻게 설정하느냐가 문제인데, 그런 뜻에서 김대중 총재께서 설명하신 공화국연방제라는 것이 현재 통일방안을 생각하는 대체적인 흐름의 주류에 자리 잡고 있다고 본다"고 설명하였다.

주요 매체들은 이 장관의 구상과 답변에 호의적으로 논평하였고, 그의 체제연합 案이 사실상 국가연합 案과 크게 다르지 않음을 보여주었다고 보도했다. 이것은 제도권 4당 중 가장 진보적인 평화민주당의 김대중 총재와 공감대를 형성하면서 한민족공동체통일방안에 대한 국민적 합의를 형성할 수 있는 결정적인 계기가 되었다.

또한 이 장관은 7.7 선언의 기조에 따라 남북관계를 대결이 아닌 교류협력의 관계로 전환함에 있어서 추진할 남북회담 구상도 김대중 총재와 같다며 대북정책에 대한 공감과 이해를 표하였다. 즉, 남북회담은 크게 세 가지 다른 차원에서 추진될 수 있는데, 그 첫째가 남북간 정상회담과 당국자회담이고, 둘째가 국회회담이며, 마지막으로 민간 차원에서 여러 단체의 교류와 대화이다.

1989년 5월 23일 열린 국회 외무통일위원회에서 당시 평화민주당 김대중 위원은 "우리의 통일 방향이 제대로 가고 있는 것이냐?"고 이홍구 국토통일원 장관에게 질문하였다. 이에 대해 이 장관은 정부의 통일정책 추진이 긍정적인 방향으로 가고 있다고 답변하면서 그 근거로 국민들의 여망, 지도층의 남북관계 개선 의지, 우호적인 국제정세 변화를 나열하였다. 통일정책 추진이 국민적 합의에 기반해야 하고 여·야 간 초당적 협력·협치가 중요하며, 특히 대통령의 정책추진 의지를 강조하였다는 점에서 최고 정책결정권자의 리더십 뿐만 아니라 야당 정계 지도자와의 신뢰 및 협치 중요성에 의미를 둔 것이었다.

한편, 1989년 6월 27일 서경원 평민당 의원의 비밀 방북 사건이 이슈화되었다. 서 의원은 구속되었고, 당국의 조사 결과에 따르면 김대중 총재가 서 의원의 여비를 지원하고 방북을 알면서 불고지한 혐의가 포착되어 국가보안법으로 다루어야 할 사안이라는 견해가 우세하였다. 이에 대해 노태우 대통령은 민주화의 대세를 그

르칠까 우려하여 이 사건을 확대하지 말라는 지침을 내렸다. 1989년 3월 25일 전국민족민주운동연합의 문익환 목사 일행이 북한의 초청으로 평양을 방문한 사건이 있었고, 이어서 1989년 6월 30일 한국외국어대학교 재학생 임수경이 평양 세계청년학생축전에 전국대학생대표자협의회 대표로 방북해 46일 뒤인 8월 15일 판문점을 통해 입국하는 사건이 있었다. 이와 같이 국가 안보에 국민들의 걱정이 많은 상황에서도 노태우 대통령은 야당에 대해 정치협상의 리더십을 보여주며 갈등을 극복하고 현안을 해결해 나가려고 하였다. 노태우 대통령은 사회 내 급진세력의 확산을 경계하고 견제하면서도, 여권 내 보수 강경 세력의 반발도 억제하면서 야권에 대해 포용적인 정치협상의 리더십을 발휘한 것이다. 이것은 결과적으로 한민족공동체통일방안과 관련한 김대중 야당 총재와의 공감대 형성에 긍정적인 영향을 미쳤다.

김영삼의 3단계 통일방안과의 공감대 형성

김영삼 총재 및 통일민주당은 지난 1987년 12월 대통령 선거 당시 '6원칙 5단계'의 통일방안을 국민 앞에 제시하였다. 6원칙으로서는 자주의 원칙, 화해의 원칙, 단계적 성취의 원칙, 평화의 원칙, 전환의 원칙 그리고 민족 대참여의 원칙이며, 5단계 통일방안으로는 첫째가 양측 모두가 민주개혁을 하는 단계, 둘째가 점진적으로 교류를 확대하고 상호 간의 실상을 공개하는 단계, 세 번째로 비정치적 분야의 협력을 강화하는 단계 그리고 자유왕래를 시도하는 단계, 네 번째로 정치외교 분야의 협력을 강화하고 주체적 통일을 준비하는 단계 그리고 마지막으로 1민족 1체제의 평화적 민족통일을 선포하는 단계가 포함되었다.

그 이후 통일민주당은 이 방안을 수정·보완하여 1989년 8월경 '3원칙 3단계'로 압축된 통일방안을 마련하였다. 통일의 3원칙은 "자주·민주·평화"로 한민족공동체통일방안의 3원칙과 같았다.

3단계 통일방안은, 제1단계로 한반도에서의 평화체제를 구축하는 단계이며 인적·물적 교류와 정치·군사 협상의 동시 추진을 하는 단계로 설정하였다. 제2단계는 정치·외교 분야의 협력을 강화하고 구체적인 민족통일을 준비하는 단계이며, 마지막 제3단계는 1민족 1체제의 평화적 민족통일을 선포하는 단계로 설정하였다. 이러한 3단계 방법은 1민족 2국가 2체제의 국가연합 상태에서 출발하여 1민족 1국가 2체제 체제연합 형태를 거쳐서 궁극적으로 1민족 1국가 1체제의 단일국가를 지향한다는 것이었다.

'한민족연합체' 통일방안이라고 명명한 통일민주당의 통일방안도 대체로 체제연합, 국가연합의 형태를 거쳐서 최종 단일 통일국가로 이행해 가는 방안이 골자를 이루고 있어 한민족공동체통일방안의 내용과 큰 차이이 없었다. 통일방안과 관련하여 수시로 김영삼 야당 총재께 설명하고 통일민주당과 협의하며 공감대를 형성하고 있었다. 노태우 대통령이 보여준 이러한 對野 정치협상의 리더십은 결과적으로 한민족공동체통일방안과 관련한 김영삼 야당 총재와의 공감대 형성에도 긍정적인 영향을 미쳤다.

3-4.
국회 통일정책특별위원회 활동 통한 초당적 협력

1988년 13대 총선의 민의는 여소야대 국회를 낳아 제6공화국의 국회 활동을 활성화시키는 직접적인 계기가 되었다. 제13대 국회 개원 초부터 통일정책특별위원회가 구성되어 통일문제에 대한 논의 및 통일정책과 관련된 국민적 합의 기반을 국회 차원에서 형성할 수 있는 여건이 조성되었다. 모든 정당들이 통일정책의 기조에 윤곽을 비슷한 모습으로 잡게 되면 그 구체적인 추진 전략에 다소 차이가 난다고 하더라도 기본적인 흐름이 같기 때문에 공동보조를 맞추는 데 큰 문제가 되지 않았다. 이는 또한 통일정책에 대한 국민적 합의를 도출해내는 데 있어서도 긍정적으로 작용하였다.

국회 통일정책특별위원회 구성·운영

제13대 국회는 개원 직후인 1988년 6월 21일 민주정의당, 평화민주당, 통일민주당, 신민주공화당 등 4당 203인 국회의원 발의로 통일정책특별위원회 구성결의안을 제출하여 6일 만인 1988년 6월 27일 국회 본회의에서 토론 없이 만장일치로 동 결의안을 의결하였다. 제13대 국회가 출발함과 동시에 국회 통일정책특별위원회를 구성하고 여기서 통일정책에 관한 공청회 등을 통해 제도권 정당은 물론 각계각층을 대변하는 여론을 수렴함으로써 통일정책에 대한 국민적 합의의 모델을 창출하였고, 이를 토대로 한민족공동체통일방안에 대한 초당적 협력 및 국민적 합의를 이끌어낼 수 있었다. 노태우 대통령이 1989년 9월 11일 국회 특별연설을 통해 한민족공동체통일방안을 제시할 때까지 국회는 통일정책특별위원회 주최로 3번의 공청회를 포함하여 총 12회의 회의를 개최하였다. 국회는 민의의 전당으로써 각계각층의 국민과 시민단체들의 의견과 요구를 청취하고 수렴하여 국민적 합의를 도출해냄으로써 정부의 정책 수립 및 추진에 기여하는 역할을 담당하였다. 통일정책특별위원회 위원장은 당시 야당인 통일민주당 박관용 의원이 맡았는데, 박 위원장은 1988년 8월 4일 개최된 국회 통일정책특위 첫 공청회에서 국회의 역할에 새로운 의미를 부여하였다. 민간 시민사회단체의 통일문제 관련 의견을 국회가 수용하고, 취합만 하는 것이 아니라 새로운 창출, 국민적 합의를 도출해 낼 때 가치가 있다는 것이었다. 제6공화국 첫 13대 국회는 통일문제에 대한 국민적 합의의 장으로서 순기능할 수 있는 통일정책특위 제도를 운영하였고 이는 통일정책에 대한 국민적 합의 기반을 제도화한 상징성이 있었다.

국회 통일정책특별위원회 활동 통한 초당적 협력

노태우 정부 출범 초부터 국내에서의 민주화 진전과 국제상황의 탈냉전 추세에 따라 사회 내에 통일논의가 활성화되었다. 이는 종래의 정부 주도 통일논의가 국민적 합의를 요하는 과제로 되었음을 의미한다. 이에 따라 국민의 다양한 통일논의를 수렴하여 심도 있게 통일문제를 심의해야 할 필요가 생겼다. 이런 취지를 반영하여 헌법 제4조 및 국회법 규정에 의거 국회 통일정책특별위원회가 만들어졌다. 국회 통일정책특별위원회는 3년여간의 활동 경과 (1988.7.6.~1991.12.16.)를 총 193쪽 보고서 형태로 정리하여 기록하였다. 이에 따르면 통일정책특별위원회는 위원정수를 총 26인으로 하되 교섭단체별 의석 비율을 반영하여, 민주정의당 11명, 평화민주당 6명, 통일민주당 5명, 신민주공화당 3명, 비교섭단체 몫 1명 등으로 위원을 구성하였다. 통일정책특별위원회는 명칭에서 보듯이 정부의 통일정책 입안에 기여함은 물론 국회회담, 고위급회담, 학생회담, 적십자회담 등 남북 간 주요 대화 통로와 관련 대화 당사자 및 정부 측 입장을 듣고 그 대책을 논의하는 방식으로 진행되었다. 또한 특별위원회 주최 공청회를 통해 기본적인 통일방안이나 남북 간 주요 문제에 대해 재야까지를 포함한 사회 각계의 주장이나 관계 전문가의 의견을 청취하고 이에 대한 질의답변 과정을 가짐으로써 통일논의의 국회 수렴뿐만 아니라 국회-정부 간 소통 역할을 하며 통일정책 수립·추진에 직간접적인 기여를 하였다. 이러한 국회 차원의 통일방안에 대한 4당의 초당적 협력 및 각계각층의 여론 수렴 과정은 한민족공동체통일방안 성안에 기반이 되었다.

제13대 국회 통일정책특별위원회는 1988년 7월 6일 구성된 이후 1991년 12월 16일까지 약 3년 반 동안 활동하며 총 4회의 공청회를 포함하여 총 22회 회의를 개최하였다. 통일정책특위가 주최한 공청회는 '남북학생회담에 관한 공청회'(1988.8.4.), '통일정책에 관한 공청회'(4당 참여, 1989.8.31.), '통일정책에 관한 공청회'(언론·종교·시민단체 참여, 1989.9.1.), '국제정세 변화와 남북한 관계의 전개 방향에 관한 공청회'(1991.11.22)였다. 통일정책특별위원회의 회의 운영은 주로 남북한 간의 회담 당사자 또는 정부 측의 입장과 그 경과 및 전망 등에 대한 보고를 받고 그 대책 등을 논의하는 방식이었으며, 정부의 통일 관련 주요 정책에 대한 보고를 받고 이를 심의하기도 했다. 공청회는 기본적인 통일방안이나 남북한관계의 주요 문제에 대하여 제안까지를 포함한 사회 각계의 주장이나 관계 전문가의 의견을 청취하고 이에 대한 질의응답 과정을 가짐으로써 통일논의의 국회 수렴과 정부의 정책 입안에 기여함은 물론 여·야 간 초당적 협의의 장 역할도 하였다.

'통일정책특별위원회'라는 명칭과 관련하여, 특위 명칭에 '통일정책'이 들어간 것은 여야 간 초당적 협력·협치 측면에서 의미가 있었다. 국회가 정부의 통일정책 추진에 있어서 함께한다는 의미가 들어간 것은 물론, 통일문제를 정부 차원에서만 보는 것이 아니라 국회가 여야를 떠나 국민적 공감대 형성과 국민적 합의에 기반하여 통일정책 추진에 일정 부분 역할과 책임을 공유한다는 것이다. 이는 노태우 대통령이 여·야 동반자 시대를 선언한 바와 같이

여·야 협조체제를 강조하고, 야당도 국민의 뜻을 헤아려 국정의 책임을 공유해야 한다는 국정철학 및 포용적 정치협상의 리더십이 반영된 것이었다.

3-5.
정부·여당 내 강경 보수 세력 제압 및
협력 도출

노태우 정부의 전향적인 통일·대북정책에 대한 도전은 보수·우익의 일부로부터도 제기되었다. 흔히 '극우'로 지칭되기도 한 세력은 노태우 대통령이 북한을 포함한 공산권에 대해 유화적인 자세를 취함으로써 국민 사이에 반공의식이 해이해졌으며, 그 결과 불법적인 밀입북이 계속되기에 이르렀다는 비판적인 입장을 갖고 있었다.

정주영 현대 회장 1989년 1월 방북 관련 논란

1989년 1월 24일부터 2월 1일까지 정주영 현대그룹 명예회장은 북한을 방문했다. 정주영은 방북 전에 박철언 대통령 정책보좌관을 만나 방북 계획을 보고하고 '사전 승인'을 받았고, 2월 2일 귀국 당일 청와대로 가서 박철언 보좌관에게 방북 결과를 설명하였다

(박철언, 2005, 48-49). 정 회장의 방북은 노 대통령의 '7.7 특별선언'과 그에 따른 '남북 경제인의 상호 방문 및 접촉' 허용 발표(1988년 10월 7일) 이후 경제인의 첫 공개 방북이라는 상징성이 있었다. 상공부는 1989년 1월 19일 정주영의 방북을 승인한다고 공식 발표했다. 그 당시는 남북 교류협력법이 제정되기 전이었으며, 1990년 8월 동 법이 제정·시행된 이후 방북 승인권은 통일원으로 일원화되었다. 정주영의 방북 성과를 접한 당시 노태우 대통령은 통일원·국가안전기획부와 경제기획원·상공부·건설부 등 범정부부처를 아우른 '긴급합동대책반'을 꾸려 금강산 사업 지원에 나선다는 입장이었다. 그럼에도 불구하고 당시 '불법 방북' 논란이 일어났다. 정주영의 김포공항 귀국 회견 이후인 1989년 2월 4일 박세직 국가안전기획부장은 언론사 정치부장들을 안기부로 불러 정주영이 평양에서 "위대한 김일성 장군"이라 추임새를 넣는 장면이 담긴 영상물을 보여주며 국가보안법 위반 논란과 친북 행태를 비난하는 분위기를 형성하였다. 박세직은 정주영의 '금강산 관광·개발 사업'을 "잘 추진되도록 하라"는 노태우 대통령의 공식 지시가 있었음에도 불구하고, "사문서로 법적 효력이 없다"며 이를 무시하는 행태를 보였다. 1989년 2월 8일 노재봉 대통령 특보는 청와대 수석 회의에서 "정주영 회장의 북한 방문은 적성 국가와의 외교 과정에서 불법성을 노출한 문제"라고, 노태우 대통령 면전에서 정주영의 방북을 '불법 방북'으로 규정하였다. 같은 회의에서 노태우 대통령이 정주영의 방북 결과를 보고받고 "경제 부처 주관의 대외경제협력위원회와 잘 연계해 추진되도록 하라"고 지시한 것을 정면 공격한 셈이 되었다(박철언, 2005, 58-59). 이렇게 노재봉의 '불법 방북' 운운

은 정주영의 방북과 관련한 보수 권력 내부의 심각한 균열을 드러
내는 신호였다고 볼 수 있었다. 정주영 현대그룹 명예회장이 1989
년 2월 1일 일본 오사카 공항에서 기자회견을 열어 북한 당국과
'금강산관광사업'에 합의했다고 밝혔다. 『한겨레신문』이 1989년 2
월 2일 자 "국내 경제 인사로는 처음으로 북한을 방문" 제하로 보
도하며, 방북 성과로 첫째 금강산 공동 개발, 둘째 시베리아 개발
공동 참가, 셋째 합작투자회사 설립 추진 등 세 가지를 꼽았다. 정
주영 회장의 방북 직후 가졌던 기자회견 내용이 전해지면서 정부
내 보수 세력에게 남북 교류 확대에 제동을 걸어야 한다는 의견이
나오게 되었다. 당시 정주영의 북한 방문은 7.7 선언에 실천을 두
고 남북 교류를 더욱 확대해야 한다는 노태우 정부의 의견과 국가
보안법으로 제동을 걸어야 한다는 보수 강경 세력의 의견이 구체
적으로 표출되어 충돌한 계기가 되었다.

　노태우 정부는 '무슨 근거로, 왜 정주영의 방북만 승인했냐'는 물
음에 답해야 했고, 대통령의 통치권을 뒤흔든 내분을 빠르게 수습
할 정치적 필요가 있었다. 1989년 2월 9일 고위당정 정책조정회의
를 개최하여 이념 혼란 방지를 위한 종합대책을 추진하고 북한 및
북방교류와 관련한 정부의 창구를 분명히 하여 책임 소재를 밝히
고 정책 혼선을 예방하자는 데 의견을 모았다. 구체적으로 국무총
리를 위원장으로 하는 『남북 및 북방교류협력조정위원회』를 설치
하고, 대북한 교류는 국토통일원 장관이 위원장을 맡는 『남북 교
류협력추진협의회』에서, 대북방 교류는 외무부 장관이 위원장을
맡는 『북방정책추진위원회』에서, 대외경제는 기존의 『대외협력위

원회』에서 맡도록 역할을 조정한다는 것이었다. 이틀 뒤인 2월 11일 남북 교류협력특별법안 단 한 건을 심의하려고 임시 국무회의가 열렸다. 그 이틀 뒤인 2월 13일 이홍구 국토통일원 장관은 '남북 교류협력에 관한 특별법안'을 국회 외무통일위원회에 냈다. 정주영의 귀환일인 2월 2일 법률 제정 방침 잠정 결정에서 2월 13일 법안 제출까지 열하루밖에 걸리지 않은 속전속결이었다.

1989년 2월 18일 군부의 견해를 대변해 온 박세직 안기부장은 자신이 위원장을 맡은 '북방정책조정위원회' 회의를 열어 정주영이 북한의 최수길 조선아시아무역촉진위원회 고문과 합의·서명한 금강산 관광·개발 사업 의정서를 '사문서로 법적 효력이 없다'고 결정했다(박철언, 2005, 60). '남북 간 교역의 문호를 개방한다'던 노태우 대통령의 7.7 선언 정신에 정면으로 배치되는 이 결정은, '금강산 관광·개발'이라는 역사적 합의를 무시한 것이었다. 이는 결과적으로 군부를 중심으로 한 강경 반공주의 세력의 '안보 프레임'이 7.7 선언의 '남북 교류협력 프레임'을 압도한 것이었다. 정치적으로 보면 이는 변화를 거부하는 보수 강경파의 반발·저항에 따른 권력의 내분으로 볼 수도 있었다. 그러나 문제의 근본을 보면 '남북 교류협력'을 규율하며 합법성을 부여할 법률의 부재, 즉 입법 미비에 따른 과도기적 혼란의 일면으로 볼 수도 있었다. 그 당시 전개된 남북관계 상황을 당시 대한민국의 법 제도가 받아들이기에는 시기상조였다.

김용갑 장관 등 보수 강경 세력의 반발 제압

보수 강경 세력 가운데 김용갑 총무처장관은 1989년 3월 14일 노 대통령의 '대북 유화정책'에 항의하며 사표를 제출하였는데, 김용갑은 육사 출신으로 중앙정보부(국가안전기획부)에서 고위공무원으로, 전두환 대통령 때 민정수석비서관으로 봉직했던 '대북 강경파'로 알려졌다. 그 일주일 뒤 민병돈 육군사관학교 교장도 '대북 유화정책' 비판에 가세하였다. 민 교장은 1989년 3월 21일 육사 졸업식 식사(式辭) 연설에서 「우방국과 적성국의 개념 혼돈」, 「가치관의 혼란」, 「환상과 착각」, 「착잡하고 염려스러운 일」이라 표현하였고, "식사(式辭) 전후 경례 안 해" 제하 기사로 『동아일보』 1989년 3월 21일 자에 보도되었다. 노태우 대통령은 김 장관의 사표를 수리하고 민 교장을 해임했을 뿐만 아니라 예편시켰다. 이에 대해 이홍구 장관은 "현재의 집권당이나 정부와 같은 중간 우파가 극우를 견제하는 데 상당한 정도 성공하고 있다"라고 논평한 바 있다(이홍구, 1996, 631).

문익환·임수경 및 박철언 방북 논란

1989년 3월 25일부터 4월 3일까지 문익환 목사는 정부 승인 없이 북한을 방문하였는데, 이 사건이 한국 사회를 또 한 번 흔들었다. 노태우 정부는 정주영과 달리 문 목사를 구속하였고, 소위 '공안정국'이 조성되었다. 1989년 7월 1일 제13차 세계청년학생축전

개막식이 열린 평양 능라도경기장에 있던 '전대협 대표 임수경'은 구속되었고, 1989년 6월 박철언은 대통령 특사로 평양을 방문해 세계청년학생축전을 관람하고 북측 인사와 접촉하였다. 박찬종·이철 의원은 대정부 서면질의를 통해 '박철언 정책보좌관의 비밀 방북설'을 1989년 7월 31일 공개하였고, 다음날인 8월 1일자 언론 기사에 "박철언 씨 평양 다녀왔나" 등으로 보도되었다. 이것이 정부의 이중잣대 문제로 비추어지며 무단 방북 논란에 기름을 부었다. 정주영 때 권력 내부 분열로 시작된 방북 논란이 문익환·박철언·임수경을 거치며 사회적 논란으로 확산한 것이다. 국가보안법의 자의적 적용 등을 둘러싼 문제 제기와 논란을 '통치행위⁴' 논리로 무마하는 데에는 분명한 한계가 있었다.

남북 교류협력의 합법화 추진

노태우 대통령은 잇단 방북과 관련한 이중잣대 논란과 권력 내분이 대통령의 통치권을 뒤흔들지 않도록 신속하게 수습해야 했다. 7.7 선언이 노태우 대통령의 국정철학에 입각한 것이었고 실천 의지가 있다면 통일문제에 관한 입장을 재정리하고 그에 맞는 후속 조치를 해야 할 필요가 있었다. 방향은 정부가 통제·관리하는 남북 교류협력의 합법화였다. 7.7 선언으로 이미 물꼬를 터놓은 터라 국회의 입법을 기다릴 여유가 없었다. 노태우 정부는

---

4   고도의 정치성을 띤 국가통치행위로 사법부의 법률적 판단 대상에서 제외된다.

1989년 6월 12일 '대통령특별지침 1호'의 형식을 빌려 '남북 교류협력에 관한 기본지침'을, 그해 7월 21일 '남북 교류협력 세부시행지침'을 제정·시행했다. 이 지침은 1990년 8월 1일 남북 교류협력법이 제정·시행·공포될 때까지 1년 넘게 남북 교류협력과 관련한 법률 구실을 했다. 국회에서 이를 두고 위헌 논란이 있었음은 물론이다. 사실상 '입법'인 '대통령 특별지시'는 그 이전에도 이후에도 없는 전무후무한 정부 행위였기 때문이었다.

통일의 3대 원칙, 자주·평화·민주 정립

노태우 대통령은 1989년 상반기에 빈번한 밀입북을 보면서, 보수·우익이 7.4 남북공동성명의 통일 3원칙인 자주·평화·민족대단결 중 "민족대단결이 한국 안의 '친북세력'에게 '친북'의 길을 걷게 하는 근거가 되고 있으므로 폐기해야 한다"라고 주장하자, 결과적으로 이를 부분적으로 받아들였다. 1989년 8월 15일 광복절 44주년 기념식 연설에서 '통일의 3대 원칙'에 '민족대단결'을 '민주'로 대체하였는데, 자유민주주의를 보다 우위의 가치와 선으로 보는 여론을 반영한 것이었다. 노 대통령은 통일문제에 관해, 통일국가는 민주적 방식에 의해 민족공동체 회복이라는 중간단계를 거쳐 단일국가 형태로 세워져야 하며 국민 개개인의 자유·인권·행복이 보장되어야 한다고 선언하였다. 이에 대해 보수·우익은 공감을 표시하였지만, 재야 운동권 세력은 남북한 군사 대결에 따른 긴장에 대해서는 말하지 않고 결국 한국의 체제 안으로 북한을 흡수하겠다는 뜻을 담은 것이라며 불만의 입장이었다. 이렇게 1989년 연초부터 이어져 온 민간인 및 당국자의 방북 논란은 보수 및 진보 진영 내외에서 우여곡절을 겪었다. 그럼에도 불구하고 이런 과정을 통해 통일정책 추진 및 통일방안 마련에 있어서는 기반을 다지고 남북관계와 관련해서는 법체계를 정비하는 계기가 되었다.

3-6.
한민족공동체통일방안 관련
4당 간 입장 조율과 공청회

헌정사에 처음으로 통일정책에 관한 공청회가 1989년 8월 31일 국회에서 진행되었다. 공청회에서는 여·야 4당이 갖고 있는 통일방안을 포함한 통일정책에 관한 각 당의 입장을 각 당을 대표한 진술인이 발표하고 참석한 통일정책특위 위원들과 토론을 가졌다.

각 당이 보는 통일문제에 대한 근본 시각의 문제로부터 통일로 가기 위한 과정상의 문제 그리고 궁극적으로 완성된 통일 형태 등에 관한 각 당의 입장이 개진되었다. 발표되고 토의된 내용상의 차이점이 없지는 않았으나, 통일에 대한 접근방법 및 민족문제 해결방식에 관한 여야 4당의 주장 간에 상당한 공통분모도 있다는 것을 참석자들을 통해 확인할 수 있었다. 정치적으로 4당 4색이라 하지만 통일문제에 관해서만큼은 여야 4당이 상당한 실질적 접근을 보이고 있다는 점에서 정책적·정치적 의의가 있었다.

공청회에서 제기되고 논의된 통일방안 관련 쟁점이 어떤 수렴 과정을 거쳐 초당적 협력을 이룰 수 있는 내용으로 정리되었는지,

그리고 이것이 한민족공동체통일방안에 어떻게 반영되었는지에 대해 사안별로 살펴보겠다.

통일방안 명칭 관련

당초 노태우 정부가 마련한 통일방안의 명칭은 '한겨레공동체 통일방안'이었지만, 최종적으로 노태우 대통령이 1989년 9월 11일 공식 발표한 통일방안의 명칭은 『한민족공동체 통일방안』이다. 북한의 통일방안은 고려민주연방공화국, 통일국가의 국호를 고려로 하고 민주연방공화국으로 한다는 것이다. 그래서 그것을 능가할 수 있는 방안으로 찾아낸 명칭이 '한겨레공동체 통일방안'이었다. 하지만 그 당시 1988년 5월 15일 국민주 신문으로 '한겨레신문'이 창간되어 구독층을 넓혀나가고 있었는데 정부의 통일방안 명칭을 "한겨레공동체 통일방안"으로 하기에는 부담스러운 측면이 있었다. 그래서 여러 고려 끝에 최종적으로 "한민족공동체 통일방안"으로 결정되었다.

각 당별로 살펴보면, 민주정의당은 1989년 8.15 경축사에서 밝힌 '3단계 민족공동체통일방안' 또는 '한민족공동체통일방안'을 명칭안으로 갖고 있었다. 우선 민족 동질성을 회복하고, 그러한 민족 통일의 바탕 위에서 국가통일을 완성하는 단계적 접근을 한다는 입장이었다. 이것은 쉬운 것부터 단계적으로 접근을 해 가면서 민족 동질성 회복을 이룩한 바탕 위에서 국가통일을 이룩한다는 소위 기능주의적 통합이론의 범주에 속하는 것이었다.

평화민주당의 통일방안 명칭은 '3단계 평화통일안' 또는 '공화국연방제' 案 이었다. 이는 김대중 총재가 주장해 온 통일방안의 이름이었다.

통일민주당의 통일방안 명칭은 "한민족연합체 통일방안"이다. 한마디로 '1민족 1체제 1국가'의 완전한 통일로 가기 위한 전 단계 조치로서 미국의 독립 초기에 형성되었던 국가연합(confederation)과 같은 느슨한 형태의 남북한 결합을 먼저 시도한다고 하는 내용으로 구성되어 있었다. 남북한이 각자의 체제와 이념을 초월하여 연방제의 사전적 단계인 국가연합(confederation) 같은 느슨한 형태의 남북 연합을 먼저 시도한다는 것이며, 이것이 통일로 접근하는 가장 현실적인 방안으로 보았다.

신민주공화당은 별도의 통일방안을 갖고 있지 않았다.

〈표 9〉 통일방안 '명칭' 관련 4당의 입장 비교

	최종안	민주정의당	평화민주당	통일민주당	신민주공화당
명칭	한민족공동체통일방안	'3단계 민족공동체 통일방안' 또는 '한민족공동체 통일방안'	'3단계 평화통일안' 또는 '공화국연방제안'	'한민족연합체 통일방안'	명칭안 없음

통일 원칙 관련

민주정의당은 통일의 원칙으로 민족대단결과 함께 자주, 평화, 민주라는 3개의 원칙을 제시하며, 제도권 4당이 모두 이러한 통일 3원칙을 같이하고 있다고 평가하고 있었다. 7.4 남북공동선언에 있는 통일의 3대 원칙은 자주, 평화, 민족대단결이다. 여기서 '민족대단결' 관련 남북 합의 문구를 보면 "사상과 이념, 제도의 차이를 초월하여 우선 하나의 민족으로서 민족적 대단결을 도모해야 한다"로 되어 있다. '민주'와 '민족대단결'은 같은 개념은 아니지만 통일을 향해 가는 데 있어서 민족공동체 모두의 뜻에 따라 통일국가를 건설해야 한다는 데에서 같은 지향점을 추구한다고 본 것이었다. 다시 말하면 통일의 기반과 원동력은 민족이며, '민주'의 원칙이란 통일은 민족구성원 모두의 자유와 권리를 바탕으로 이뤄지는 민주적 통합방식으로 이루어져야 한다는 원칙이다. 우리 민족구성원 개개인의 자유와 인권이 보장되어야 하는 것이며, 그렇기 때문에 통일의 원칙으로 '민주'를 사용하기로 한 것이었다. 이홍구 장관은 통일의 원칙 '민주'에 대해 통일에 이르는 과정과 절차가 민주 원칙에 입각함은 물론 통일된 조국 또한 민족구성원 모두가 주인이 되는 민주국가여야 하며 이는 미래 후대세대가 결정하는 것이라고 설명한 바 있다.

평화민주당은 7.4 남북공동성명의 정신을 수용하면서 통일 원칙으로 자주·화해·민주화라는 3원칙을 갖고 있다고 밝혔다. 7.4 공동성명의 정신을 수용하여 첫째는 자주인데, 우리의 분단은 세계 냉전 구조의 산물로 빚어졌으며 외세로부터 독립하여 자주적 민족이 되어 이웃 나라들과 호혜 평등한 국제관계를 모색하고 발전시켜 나가야 한다는 것이다. 둘째, 화해와 관련, 동족상잔의 참극을 겪었으며 지금까지도 상호 불신과 적대를 양산하고 있는 상황에서 먼저 적대관계를 청산해야 한다는 의미를 담고 있다. 셋째는 민주로, 국민이 어느 정도 역사의 주인으로 자리 잡았냐는 것이다. 민주화 진척의 정도가 통일 달성 정도의 척도가 된다는 데에는 두 가지의 이유가 있다. 그 첫째는 바로 통일논의와 운동의 주체는 명백히 일반 국민이 되어야 한다는 것이다. 일반 국민들은 분단으로 말미암은 갖가지 불이익을 받고 있기 때문에 통일을 더욱 바라고 있는 것이며, 그렇기 때문에 국민의 뜻에 따라 국민이 주체가 될 수 있는 민주제도를 확립할 때 비로소 통일도 앞당겨질 수 있다. 두 번째 이유는 참된 민주주의만이 분단된 조국을 진정으로 하나 되게 할 수 있다는 것이다. 참된 민주주의란 서로 다른 체제에 놓여 있는 남북한 간에도 정치적인 민주주의와 경제적인 민주주의가 동시에 진전될 때 민족적 동질성이 형성되고 그만큼 통일이 앞당겨지게 된다는 것이다. 이때 참된 민주화 노력은 통일의 성취에 기여하는 것이 되고 통일의 완성은 곧 민주화의 완성이 되기도 한다. 평화는 소극적인 것으로 전쟁이 없는 상태이며, 좀 더 적극적 능동적 의미에서 7.7 선언에서 하려는 그런 의미에서 평화라기보다는 화해라는 이름을 쓴 것이다.

통일민주당은 1987년 12월 제13대 대통령 선거 당시에는 "6원칙 5단계"의 통일방안을 국민 앞에 제시하였다. 통일의 6원칙은 자주의 원칙, 화해의 원칙, 단계적 성취의 원칙, 평화의 원칙, 전환의 원칙 그리고 민족 대참여의 원칙이다. 5단계 통일방안은 첫째

양측 모두가 민주개혁을 하는 단계, 둘째 점진적으로 교류를 확대하고 상호 간의 실상을 공개하는 단계, 셋째 비정치적 분야의 협력을 강화하는 단계 및 자유왕래를 시도하는 단계, 넷째 정치외교 분야의 협력을 강화하고 주체적 통일을 준비하는 단계, 다섯째 1민족 1체제의 평화적 민족통일을 선포하는 단계를 말한다. 통일민주당은 노태우 정부 시절 이를 수정·보완하여 "3원칙 3단계"로 압축된 통일방안을 마련하였고 통일의 3원칙으로 자주, 민주, 평화를 제시하였다. 첫째는 자주로, 통일문제는 외세의 간섭 없이 민족자주의 원칙 아래 추진되어야 하며 능동적이고 자주적으로 국제적 환경을 변화시키고 조성해 나간다는 원칙이다. 둘째는 민주로, 통일의 주체는 민주 세력이며 통일의 과정도 민주적이어야 하고 통일 이후의 국가체제도 민주체제여야 한다는 것이다. 세 번째 평화는 남북이 평화적 방법을 택하겠다는 합의도 중요하지만 그보다 쌍방이 평화적 방법을 택할 수밖에 없도록 하는 정치와 안보의 여건 조성이 더욱 필요하다는 것이다. 이때 무력 사용은 물론 어떠한 정신적 폭력도 배제돼야 한다. 민주정의당과 같지만 '민주'를 '평화'보다 앞세워 강조한 점이 다르다.

　요약하면 통일정책에 관한 4당의 입장은 큰 차이가 없다. 민주정의당, 평화민주당, 통일민주당 3당의 통일의 원칙도 '자주, 평화(화해), 민주' 3원칙으로 같다고 볼 수 있다.

〈표 10〉 통일방안 '통일원칙' 관련 4당의 입장 비교

	최종안	민주 정의당	평화 민주당	통일 민주당	신민주 공화당
통 일 원 칙	**자주** **평화** **민주** **3원칙**	자주 평화 민주 3원칙	자주 화해 민주화 3원칙	자주 민주 평화 3원칙	'원칙'보다 평화민주 등 접근방법이 중요하다는 입장

통일과정 관련

　민주정의당은 오랜 분단으로 민족의 이질화가 심화되었기 때문에 민족동질성을 회복시켜 민족공동체를 이룬 다음 그 토대 위에서 국가통일을 해 나가자는 것이며, 그 과정의 중간단계를 설정하고 단계적으로 접근하자는 입장이었다. 다시 말하면 1단계 남북협력의 단계를 거쳐, 2단계 남북연합의 국가연합체 단계를 거쳐 최종적으로 남북통일에 이르는 3단계 민족공동체 통일방안을 제시하였다. 1단계 남북협력단계는 남과 북이라는 두 개의 체제가 실존한다는 엄연한 현실인정에서 출발해서 남북 간의 교류협력과 평화정착의 제도화 등 현안을 협의·해결하는 단계이다. 남북 간의 상호 인정은 통일로 접근하는 연속 행위의 출발개념이다. 남북관계가 국제관계는 아니며 민족 내부의 특수관계이기 때문에 정부승인이나 국가 승인 등 외교적인 조치를 취할 필요는 없다. 대신 남북 쌍방의 정상이 만나서 통일을 위해 같이 노력하자는 데 합의

하고 남북 기본관계라는 잠정협정을 체결하는 등 민족공동체 회복을 위한 상호협력 문제를 논의해 나가면 되는 것이다. 남북 정상회담을 통해 기본관계에 관한 잠정협정과 남북 협력단계에 합의를 하게 되면 쌍방의 각료급 당국자 대표로 구성되는 남북공동위원회를 설치하고 정상회담에서 합의한 사항을 실천해 나갈 뿐만 아니라 남북의 이산가족이 겪는 고통을 인도적 차원에서 해소해 나가는 문제를 비롯해서, 상호 신뢰회복을 위한 교류협력 문제, 그리고 군사적 긴장완화와 평화 정착 문제 등 남북 간의 모든 현안을 협의·해결하는 것이다. 2단계 남북연합단계는 쌍방이 합의하는 민족공동체헌장에 기초해서 남북 사회를 하나로 통합해 나가면서 독립 국가 수립을 위한 본격적인 준비 작업을 하는 것이다. 남북이 계속 상이한 체제를 유지한다 하더라도 남북공동위원회를 통해 경제·사회·문화 분야에서 민족공동체를 형성함으로써 민족 유대관계를 중대하고 하나의 생활공간을 구축해 나가는 등 정치적 통합의 여건을 성숙시켜 나가는 단계이다. 민족공동체라는 하나의 지붕 밑에 남과 북이 평화를 제도화하고 제 분야에 민족 동질성 회복을 바탕으로 해서 정치연합체를 구축하는 단계이다. 이와 함께 남과 북은 쌍방 주민대표로 민족통일협의회의를 구성해서 통일헌법을 기초하고 제반 통일절차 문제를 협의·해결하는 등 통일국가의 준비역할을 본격화시켜 나갈 수 있을 것이다. 마지막 3단계는 남북통일을 완성하는 단계이다. 민족통일협의회의에서 마련한 통일헌법 초안을 남북한 전역에 걸쳐서 민주적 방식에 의한 국민투표를 통해서 확정·공포하고 이 통일헌법에 따라서 총선거를 실시한다. 통일정부와 통일국회를 구성하고 통일국가는 자유와 평등이 조화되는 고도의 민주복지사회를 실현하게 되는 것이다.

평화민주당은 통일을 평화적으로 달성하기 위해 평화공존, 평화교류, 평화통일이라는 3단계 평화통일안을 주장하고 있는데, 여기에 각 단계별로 자주, 화해, 민주 3가지 원칙을 두고 설명하고 있다. 1단계가 평화공존과 자주로, 민족의 자주성 확보 없는 평화공존은 사실상 불가능하다. 2단계는 평화교류와 화해로, 불신의 장벽이 사라지고 진정한 화해가 이룩될 때 정치, 경제, 문화, 종교, 체육 등 모든 분야에서 남북 간의 교류를 강력하게 촉진해야 한다. 3단계는 평화통일과 민주화로, 국민이 주인이 되는 민주주의가 바르게 정착될 때 민족적인 자주, 화해, 통일은 달성될 수 있다. 한편, 평화공존에서 평화통일에 이르는 과도기적인 중간 형태로 '공화국연방제'를 주장하고 있는데, 그 구상은 다음과 같다. 첫째, 남북의 현존하는 두 개의 공화국은 그대로 공존한다. 자주, 화해, 민주의 정신으로 평화통일을 이룩하도록 서로 격려하고 협력하는 협조적인 관계이다. 둘째, 남북의 양 공화국은 각기 국민이 선출한 동수의 대표를 파견하여 연방의회와 연방정부를 구성한다. 연방기구는 통일에 관련되는 모든 사항을 의결·집행한다. 셋째, 유엔에 단일국호 가입이 원칙이고 필요에 따라 잠정 조치로 남북 동시 가입도 고려한다. 넷째, 공화국 연방의회는 평화공존, 평화교류, 평화통일에 관한 모든 사항을 검토·의결하여 양 공화국에 건의하며 통일헌법의 제정도 가능하다. 다섯째, 연방의회는 유엔총회와 같이 토의·검토의 기능을 가지며 연방의회가 만장일치로 의결된 사항은 양 공화국의 합의로 실효한다. 여섯째, 공화국 연방정부의 임무는 공화국 연방의회가 의결한 사항들을 집행한다. 상호 간의 신뢰가 깊어지고 협력관계가 성숙하여 군사·외교에 관한 권한까지 연방정부에 완전히 이양하게 될 때 통일정부를 확립하게 된다.

통일민주당은 3단계 통일방안을 제시하였는데, 제1단계는 한반도에서의 평화체제를 구축하는 단계로 인적·물적 교류와 정치·군사 협상의 동시 추진을 하는 단계이다. 제2단계는 정치·외교 분야의 협력을 강화하고 구체적인 민족통일을 준비하는 단계이다. 비동맹 및 유엔 외교의 공동보조를 모색하고 남북한의 연합기구를 구성한다. 제3단계는 1민족 1체제의 평화적 민족통일을 선포하는 단계이다. 통일에 관한 구체적 방안을 주민들의 최종 확인을 거쳐 내외에 1민족 1체제의 한민족공동체를 선포한다. 결국 이 같은 3단계 방법은 1민족 2국가 2체제의 국가연합 상태에서 출발, 1민족 1국가 2체제 체제연합 형태를 거쳐서 궁극적으로 1민족 1국가 1체제의 단일국가를 지향한다고 하는 것이었다. 또한 통일민주당은 통일로 가기 위해 한반도 평화체제를 구축하는 제1과정, 조성된 평화구조 위에서 상호공영과 평화공존의 대원칙에 입각해 남북한 쌍방이 '한민족연합체'를 구성하는 제2과정, 궁극적으로 1민족 1체제 1국가의 완전 통일된 한민족공동체를 이루는 최종 과정에서 각 과정별로 구체적인 이행조치들이 있다고 한다.

〈표 11〉 통일방안 '통일과정' 관련 4당의 입장 비교

	최종안	민주 정의당	평화 민주당	통일민주당	신민주 공화당
통일 과정	공존공영의 토대 위에서 남북연합, 단일민족 사회, 단일민족 국가 건설	(제1단계) 남북협력 (제2단계) 남북연합 (제3단계) 남북통일	(제1단계) 평화공존 (제2단계) 평화교류 (제3단계) 평화통일	(제1과정) 한반도 평화 체제 구축 과정 (제2과정) 한민족연합체 구성 과정 (제3과정) 1민족 1체제 1국가 통일된 한민족공동체	통일여건 마련이 우선이라는 입장

7.7 선언과 국가보안법 관계

　민주정의당은 남북관계를 북한의 이중적인 특성에 기반한 입장
에서 설명하였다. 구체적으로 말하면 7.7 선언을 통해, 오늘 시점
에서 현실론적으로 적대관계인 북한을, 미래지향적으로는 당위론
적 입장에서 통일을 함께 풀어나가야 할 동반자관계로 규정하여
남북관계를 발전시켜 나가야 한다는 것이었다. 또한 7.7 선언과
국가보안법 상충 문제는 남북교류협력에 관한 특별법 제정을 통
해 풀어나가야 한다는 것이다. 남북관계의 본질에 대해 현실론적
입장, 현재에서 보면 분명 적대관계라는 것을 부정할 길이 없다.
다만 미래의 시점, 당위론적 입장에서 북한이라고 하는 존재는 통
일을 함께 풀어나가야 할 우리의 동반자가 되어야 하는 것이다.

7.7 선언은 이같이 내일의 시점, 통일을 함께 풀어 가야 될 동반자적 입장을 규정하고 선언한 것이다. 이러한 남북 간에 존재하는 적대관계를 7.7 선언 이후 어떻게 뛰어넘을 것이냐 이에 대해 법적 흠결을 남북교류협력에 관한 특별법을 만들어 치유코자 하는 것이다. 그런 과정에서 실정법 위반이 있다고 하면 법의 적용을 받아야 하는 것이다.

평화민주당은, 7.7 선언의 취지는 남북 간에 민간 교류를 추진한다는 것인데, 민정당의 통일방안에 7.7 선언 내용이 없다며 국가보안법 등 반통일적 장애물을 폐지하지 않는 한 통일논의는 무의미하다는 입장이다. 7.7 선언은 사실상 민간의 상호 교류를 적극 추진하겠다는 것인데, 반통일적 장애물, 즉 국가보안법 등을 폐지하지 않고는 공염불에 지나지 않는다는 입장이다.

통일민주당도 남북관계를 동반자관계로 규정한 7.7 선언과 적으로 규정한 국가보안법은 양립할 수 없기 때문에 여당은 대통령의 정책을 뒷받침하기 위해 국가보안법 개폐 작업을 수립하고 건의해야 한다는 입장이다. 국가보안법 제2조는 북한을 반국가단체, 적으로 규정하고 있기 때문에 대통령이 선언한 7.7 선언과 국가보안법 사이에는 괴리와 모순 및 서로 양립할 수 없는 관계에 있다. 따라서 당연히 국가보안법의 개폐 작업을 적어도 대통령의 정책을 뒷받침하는 여당인 민정당이 수립하고 건의해야 한다는 것이다.

<표 12> '7.7 선언과 국가보안법 관계' 관련 4당의 입장 비교

민주정의당	평화민주당	통일민주당	신민주공화당
남북관계를 북한의 이중적 특성(현실론적으로 적대관계인 북한을 통일미래지향적·당위론적 입장에서 동반자관계로 규정)으로 설명, 그 상충 문제는 입법으로 해결 추진	국가보안법 등 반통일적 장애물을 폐지하지 않는 통일논의는 무의미	남북관계를 동반자 관계로 규정한 『7.7 선언』과 적(敵)으로 규정한 『국가보안법』은 양립 불가	남과 북 모두 전향적으로 상응하는 변화가 있어야 한다 (북한의 진정한 변화에 우려를 표명)

신민주공화당은 7.7 선언 관련 남한도 전향적으로 변하고 북한도 이에 상응한 변화가 되어야 한다면서, 북한이 변하지 않았는데 남한만 전향적인 입장이어서 사회 혼란이 빚어졌다면서 순수하고 정직한 접근법에 대한 우려를 표명하였다.

제13대 국회 여야 4당은 1989년 8월 31일 '통일정책에 관한 공청회'를 통해 노태우 정부 출범 이후 1년 반 동안 진행되어 온 통일문제에 대한 논의들을 통일방안 및 통일정책 중심으로 공개 토론하였다. 방대한 통일문제를 모두 다룰 수 없는 한계는 있었지만, 국민의 대의기관인 국회 차원에서 국민들의 다양한 통일논의를 대변하며 수렴하고자 하였다는 점에서 큰 의의가 있었다. 특히 여소야대 다당제 제13대 국회에서 보수, 진보 진영 사이에 차이를 보이고 있는 제도권 여야 4당이 각 당의 입장과 의견들을 피력하고 수렴하면서 여·야 간에 초당적 협의는 물론 협력·협치 기반을 마련한 과정을 알 수 있었다. 박관용 국회통일정책특별위원회 위원장은 공청회를 마무리하면서, 여야 4당이 내놓은 통일방안 및 통일정책의 골자가 그 내용적 측면에서 상당한 상호 접근을 보여주고 있고, 통일논의 관련 세대 간·세력 간 대립에도 불구하고 상호 수렴된 국민의지로 승화되어 왔다고 긍정 평가하였다. 한반도 내의 남과 북의 2개의 국가를 실체로 인정하고 현실주의적이고 단계론적인 입장에서 완전 통일로 가기 위한 과도적 형태로서의 남과 북의 잠정적 결합 형태로서 통합을 추진해 나간다는 데 공감대를 형성한 것에 대해 의미를 평가하였다.

3-7.
여야 합의로 채택된
한민족공동체통일방안

제6공화국 출범 후 통일논의 과정에서 분명히 부각된 점들 중 하나는 정부의 통일정책이 보다 큰 힘을 발휘하기 위해서는 국민적 합의 기반이 넓어져야 한다는 점이었다. 특히 국회 원내 교섭단체를 구성한 정당들 사이에서 기본적 양해가 뒷받침될 때 정부의 통일정책은 보다 더 설득력을 갖게 될 것이라는 점이었다. 이러한 점에서 제도권 4당 합의로 채택된 '한민족공동체 통일방안'은 초당적 협력의 대표적인 본보기였다.

4당 합의로 한민족공동체통일방안 채택

노태우 대통령은 1989년 9월 11일 국회에서 특별선언을 통해 '한민족공동체 통일방안'을 발표하였다. 한민족공동체통일방안은 국회에서 여야 4당(민주정의당, 평화민주당, 통일민주당, 신민주공화당) 합의로 채택되었다. 당일 한민족공동체통일방안 발표 직전에 김재순 국회의장은 윤길중, 김대중, 김영삼, 김종필 등 여야 대표·총재들을 의장실로 초청했고 이 자리에서 이홍구 통일원장관이 최종안을 설명했다. 김재순 의장은 이에 대해 총재들의 동의 여부를 확인했으며, 4당 대표·총재들은 100% 찬동했다고 한다(김천식, 2014, 113). 우리 헌법은 대통령 선거에 결선투표제를 채택하지 않았으며 노태우 대통령은 과반에 훨씬 못 미친 득표율 37%로 당선되었다. 이런 국민적 합의 기반의 취약점을 노태우 대통령은 초당적 협치의 리더십과 정치협상의 리더십을 통해 한민족공동체통일방안에 대한 4당 합의를 이끌어 냄으로써 보완하였다. 이것은 그동안 5자 영수회담을 통해 노태우 대통령과 여야 4당 대표·총재 간에 상호 신뢰와 초당적 협력·협치 기반이 마련되었기 때문에 가능한 것이었다.

한민족공동체통일방안 발표 관련 4당 입장

노태우 대통령이 1989년 9월 11일 국회에서 한민족공동체통일방안을 발표한 것에 대해 제도권 4당은 같은 날 '논평' 또는 '성명서' 형식으로 각 당의 입장을 발표하였다. 한민족공동체통일방안이 야 3당 총재가 공감한 상황에서 4당 합의로 발표된 것이었지만, 각 당은 정치적 지지기반과 입장에 따라 남북연합, 민주화 부분을 강조하거나 남북관계에서의 속도 조절 등 차별화된 의견을 밝히었다. 특히 야당은 당시 현안이었던 제5공화국 청산 및 민주화 진전 문제에 있어서 정부와 여당을 압박하는 상황이었다.

민주정의당은 『통일민주국가의 완벽한 청사진 제시』 제하의 대변인 논평을 발표하였다. 그 요지는 자주·평화·민주의 통일 3원칙 하에 국민적 합의를 도출하였으며, 통일로 가는 중간단계로써 남북연합을 제도화하였을 뿐 아니라 통일 후 인권과 행복이 보장되는 민주국가여야 한다는 청사진까지 제시한 완벽한 내용이라는 것이었다.

한편 평화민주당은 『새 통일방안 관련 성명서』를 발표하였다. 중간단계로서의 남북연합 방안이 국민적 합의 과정을 거침없이 작성된 것일 뿐 아니라 그 내용에 있어서도 남북연합이 연합체가 아닌 사실상의 협의체에 불과하다고 평가하였다. 그러면서 '민주정부의 수립만이 국민적 참여하에 자신 있는 통일을 펴 나갈 수 있는 길'이며 '5공 청산과 민주화를 통한 민주정부수립만이 진정한 통일의 길'이라며 정치 현안을 덧붙이었다.

통일민주당은 통일과 민주화는 동시에 추진되어야 한다는 취지의 『대통령의 한민족공동체 통일방안 논평』을 발표하였다. 통일운동 추진은 전국민적 참여와 합의를 바탕으로 이루어져야 하며, 통일방안을 추진하는 데 있어 국민의 광범한 의견을 수렴하여 선언적 조치에 그치지 말고 통일을 향한 실천적 조치가 뒤따라야 한다고 하였다.

신민주공화당은 『한민족공동체통일방안 관련 논평』을 발표하였다. 통일에 이르기까지의 과정을 중시한 점, 북측의 자유와 인권신장 등을 요구한 점 등은 평가하지만, 결코 서둘러서는 안 된다며 속도 조절을 강조하였다.

정부의 한민족공동체통일방안 국회 보고

노태우 대통령이 1989년 9월 11일 정기국회 연설을 통해 한민족공동체통일방안을 발표한 이후 10월 10일 열린 제147회 국회 통일정책특별위원회 제1차 회의에서 이홍구 국토통일원 장관은 한민족공동체통일방안에 대해 보고하였다. 여기서 한민족공동체통일방안이 나오게 된 배경과 경과에 대해 설명한 후, 한민족공동체통일방안의 기본골격과 주요 특징에 대해 아래와 같이 설명하였다.

한민족공동체통일방안은 남북대화의 추진으로 신뢰 회복을 기해 나가는 가운데 남북정상회담을 통해 민족공동체헌장을 채택하고 통일로 가는 과도적 체제로서 남북연합을 설정하고 있다. 주요 특징으로 첫째, 자주·평화·민주의 통일 3원칙을 국민적 합의로서 재확인하는 한편 7.4 남북공동성명에서 합의한 통일 3원칙의 유효성도 내포하고 있다. 둘째, 과도적 통일체제로서 남북연합의 발족을 제시한다. 이는 통일국가의 최종 형태가 아니며 남북이 민족공동체라는 하나의 지붕 밑에 연합하여 교류협력하며 통합의 바탕을 만들어 나가는 기본 틀이다. 셋째, 민족동질성의 회복을 위한 교류와 협력과 병행하여 정치군사 문제도 적극 협의하고 해결할 것을 밝힘으로써 화해와 협력의 정신 아래 북한 측 주장도 수용하고 있다.

또한 통일원 장관은 한민족공동체통일방안에 대해 국내외적으로 긍정적인 평가를 받고 있다고 설명하였다. 국내 주요 언론들은 각계각층의 견해를 수렴한 통일방안으로 합리적이고 현실적인 구상으로 평가하면서도 부분적으로 남북 간의 적대적 대립을 해소할 신뢰구축조치가 미흡하다는 견해를 제기하였다. 미·일 등 주요국가와 언론의 반응은 실질적이고 원대한 구상이며 대한민국 정부가 통일을 위해 건설적으로 노력하고 있는 것으로 환영·지지하는 동시에 북한이 이를 수락할 것을 촉구하는 내용이 주를 이루었다.

한편 북한은 1989년 9월 14일 노동신문 논평을 통해 한민족공동체통일방안에 대한 거부 반응을 보였다. '두 개의 조선'으로 나라의 통일을 지체시키는 제2의 분열방안이라고 비난하였다. 남북이 협상을 하려면 주한미군을 철수하고 국가보안법을 철폐해야 한다고 '고려민주연방공화국 창립방안'의 기존 전제조건의 주장을 되풀이하였다.

대통령의 정치협상 리더십 역할

노태우 대통령이 보여준 정치협상의 리더십

□ 노태우 정부 출범 초부터 대통령의 정치협상 리더십이 작용하였
다. 노태우 대통령은 여소야대 다당제로 개원한 제13대 국회 상
황에 대해 여야 동반자 시대를 선언하고 대화와 타협을 통해 초당
적으로 협력·협의하는 야당과의 협치 체제를 구축하였다.

□ 여야 4당 대표와 주요 국정현안에 대해 함께 논의하는 여야 영수
회담을 통해 여·야 지도자 간에 정치적 신뢰를 형성할 수 있었다.

□ 전향적인 통일정책과 급진적인 통일논의에 비판적인 입장을 가진
일부 강경 보수·우익의 반발을 억제하며 대야 협상력을 도모해 나
갔다.

□ 제13대 국회 개원과 함께 만장일치로 국회 통일정책특별위원회
가 출범하였다. 국회는 당시 남북학생회담 이슈 등 통일문제와
관련된 현안은 물론 통일방안에 대해서도 여야 4당 및 시민사회

각계각층의 의견을 수렴하는 논의의 장으로써 중요한 역할을 하였다.

☐ 한민족공동체통일방안과 관련하여 국회 및 야당에 관련 내용을 공유하며 정치적 여야 합의를 형성할 수 있는 여건을 마련하였다. 특히 김대중·김영삼 총재를 비롯하여 야당과 초당적 협력·협치를 통해 통일방안에 대한 공감대를 형성할 수 있었다.

제 4 장

통일정책과 대통령의
의제설정 리더십

노태우 정부가 출범한 1980년대 후반은 국제적으로 탈냉전의 시기였고, 국내적으로는 민주화가 진전된 역사적 전환기였다. 이러한 시기에 새로운 통일정책의 대전환을 이루고 한민족공동체통일방안을 국민적 합의하에 마련할 수 있었던 것은 노태우 대통령이 변화하는 국내외적 흐름과 시대정신에 부합하여 의제설정 리더십을 발휘했기 때문이었다.

노태우 정부 출범 전부터 민주화의 진전과 더불어 통일논의가 활발히 전개되면서 국민들의 통일문제에 대한 관심이 높았다. 노태우 대통령은 이러한 국민적 통일 여망을 반영하여 과거와 다른 차원에서 새로운 통일정책으로의 전환을 위한 노력을 전개하였다. 그러한 노력은 1988년 7월 7일 "민족자존과 통일번영을 위한 대통령 특별선언"과 1989년 9월 11일 "한민족공동체 통일방안"으로 구체화되었다.

4-1.
노태우 대통령의 통일 국정철학

노태우 대통령은 남북 분단과 6.25 전쟁 이후 남북이 견지해 온 대결과 적대감이 상호관계를 악화시켰으며 이는 민족화해를 더욱 어렵게 했다고 보았다. 그동안 역대 정부가 유지해 온 북한 불인정 정책이 남북관계를 경색시켰다고 믿은 노 대통령은 북한을 인정한 바탕 위에서 평화통일에 접근하고자 하였다(박봉현, 2002, 158).

정책리더십 발휘 및 북방·통일정책 수립 추진

정책리더십(policy leadership)이란 "정책환경과 가치의 외부변수를 고려하여 목표와 문제를 창조적이고 실천적으로 설정하며, 목표와 문제를 위한 정책 수단을 이해관계자와 담당자의 참여를 보장하여 정치적으로 원만하게 합의하여 개발하고, 나아가 정책수단의 우수성과 우선순위를 주창하고 선도하며, 정책실현에 필요한 자원을 동원하여, 정책대상자의 지지와 동원을 유도하고 형성할 수 있는 능력과 자질"이라고 정의하고 있다(이혜영, 2003, 64).

노태우 대통령은 국민들이 직접 뽑은 대통령이었기 때문에 통일 정책 추진의 국민적 합의 기반의 여건은 충족되어 있었다. 노 대통령은 '우리나라를 세계의 중심 국가, 적어도 동북아시아의 중심 국가로 만들어야겠다는 강한 목표'를 가지고 '통일까지는 어렵더라도 통일에 이르는 길은 확실하게 닦아 놓자'는 통일철학을 가지고 있었다. '민족자존과 통일번영을 위한 대통령 특별선언(약칭 7.7 선언)'에서 보듯이 '북한 정권에 대한 적대적 관계를 청산하고 민족공동체 인식을 바탕으로 민족의 공동번영을 모색하자'는 입장에서 '세계사의 전환기에 마련된 기회를 우리가 주도적으로 활용'해야 한다는 통일 국정철학을 가지고 있었다.

노태우 대통령은 북방정책의 큰 그림 안에서 철학과 전략을 갖고 통일정책을 추진하였고, 모든 교섭과 진행을 절차를 밟으며 국민적 동의를 얻어가며 진행한다는 원칙을 가지고 있었다. 한반도의 군사적 대치를 해결하고 통일을 실현하기 위한 큰 틀의 전략을 설정해 놓고, 소련과 중국 및 남북관계를 종합적으로 고려하여 철저히 분석한 후에 결정하는 신중한 스타일의 대통령이었다. 노 대통령은 '남의 눈치 보고, 추종하고 이게 무슨 자주 외교권을 가진 나라인가 그러고도 민족의 자존이 있다고 볼 수 있는가' 자문하며 한국 외교를 종래의 추종외교에서 자주외교로 전환한다는 것이 북방외교에 내재된 기본 철학이었다고 회고한 바 있다.

노태우 대통령은 헌법상 '조국의 평화적 통일을 위한 성실한 의무'를 이행하기 위해 과거와 다른 새로운 차원의 남북관계 정립 및 평화적 통일정책을 추진하는 데 적극적인 노력을 전개하였다. 노태우 대통령은 '민족자존의 새 시대'를 선언하고 북방정책을 정책 기조로 내세우며 북한에 대한 과감한 접근 및 남북 대화와 교류를 적극 모색하였다.

1988년 2월 25일 제6공화국의 출범을 알리는 제13대 대통령 취임사에서, 통일문제와 관련하여 '한반도의 평화와 민족의 재결합을 위한 길이 보인다면 세계 어느 곳이든 개의치 않고 방문해 어느 누구와도 진지하게 대화할 용의가 있음'을 밝히면서 폭력이 아니라 대화가 분단을 해소시키고 민족의 재결합을 가져오는 지름길임을 지적하고, 이를 위한 '대화의 문은 언제나 어느 곳에나 열려 있다'며 '민족자존을 바탕으로 민주역량을 다지고 안보태세를 강화하면서 통일의 길을 열어 나가자'면서 평화적 통일정책의 기본 방향을 제시하였다. 이와 같이 노태우 대통령은 민족자존의 새 시대에 부응하여 대화하며 공존하고, 공존하며 협력함으로써 어떻게 해서든지 평화통일의 돌파구를 마련해 보겠다는 실천 의지를 강조하고 있었다.

노태우 정부 초기 통일외교안보 전문가 임명

정치지도자로서 대통령은 자신과 비슷한 신념과 동기를 가진 사람을 정책결정 지위에 임명함으로써 정치현실에 대한 자신의 인식이나 판단이 관료체제에 침투될 수 있는 기회를 만들려고 한다(이충묵, 1998, 308). 노태우 대통령은 정세 변화에 맞는 통일·대북·외교 정책의 새로운 변화를 예견하면서 1988년 2월 정부 출범과 함께 초대 대통령 비서실장에 홍성철, 외교부장관에 최광수, 안보보좌관에 김종휘, 정책보좌관에 박철언을 임명하였다. 김종휘는 노태우 대통령과 개인적 인연에 대해, 제5공화국 국방대학원 안보문제연구소장 시절 군비증강계획 관련 보고서에 대한 관심이 청와대 외교안보수석으로까지 이어지게 되었다고 회고한 바 있다. 또한 노 대통령은 취임 전 당선자 시절에 통일정치 분야 전문가인 이홍구 서울대 교수를 만나 조언을 들었음은 물론 완전히 견해를 같이한다며 그를 제6공화국 첫 통일원 장관에 임명하였다. 이홍구는 노태우 대통령 당선자에게 "통일 분야 정부 방침을 천명하고, 통일방안을 마련하는 것이 중요하다"고 건의하였다고 회고한 바 있다.

각 분야에 훌륭한 전략가·전문가를 선발하여 역량을 발휘토록 신임한 노태우 대통령의 인사 원칙은 전향적인 통일정책을 추진하기에 적합한 팀워크와 환경을 만들었다. 이홍구는 "내각에 들어가 처음 일하는 장관인 내게 통일원 업무에 대한 큰 재량권과 그에 대한 책임을 함께 일임하는 유연한 리더십을 보이는 등 새 시대, 새 상황에 걸맞는 새 통일원을 만드는 데 매우 적극적이셨다"고 노태우 대통령의 인사 스타일에 대해 언급한 바 있다(노재봉 외, 2011, 454).

이홍구 장관을 통한 통일정책 구현

　이홍구 장관은 노태우 정부 초대 장관으로서 입각 전부터 갖고 있던 소신과 논지·구상으로 통일정책을 이끌었는데, 그의 논리를 정리하면 다음과 같다. 첫째, 통일의 문제를 민족사회가 국가에 우선한다는 전제 아래, 분단 이전으로의 원상회복이 아니라 전혀 다른 새로운 차원의 정치체제를 만드는 것이라며, 한반도 상황의 해법으로 제시한 것이 '코리안 코먼웰스(The Korean Commonwealth)' 구상이다. 이는 '남북연합'이라는 과도기 통일체제를 포함한 '한민족공동체' 구상으로 발전하였다. 둘째, 통일논의를 교조적으로 이끌어가서는 안 되며, 일부 재야 세력이 표방하는 무조건적 통일론을 배척한다. 무조건적 통일을 주장하는 것은 평화라는 문제에 대한 경시나 무지를 의미하는 것이며, 평화를 유지하면서 통일을 달성해야 하기 때문이다. 셋째, 통일논의의 전제는 진정한 민주화이다. 민주화의 길을 착실하게 걷지 않을 때 국민은 정부를 신뢰하지 않는다. 넷째, 북한 권력층은 남한을 공산화할 수 있다는 환상이 있기 때문에 늘 경각심을 가져야 한다. 다섯째, 남북 사이에 공적인 수준의 대화가 열려야 하며, 동시에 민간 차원의 교류가 더욱 확대되어야 한다. 여섯째, 정부는 북한의 고립을 추구하지 않는다. 북한이 서방세계와 접촉과 교류를 확대하면서 국제사회에 진출할 수 있도록 정부는 돕고자 한다. 일곱째, 분단의 현실과 대결의 역사 속에서 사회와 국가의 안전을 보장하는 책임을 정부는 갖고 있다. 따라서 전체주의적인 북한과의 교섭과 대화는 정부가 주도할 수밖에 없다. 여덟째, 통일정책과 북방정책은 유기적이며 상호 보완적 관계에 있다(김학준, 2023, 375-378). 이러한 입장과 논리는 상기 통일외교안보 진용 및 관련 부처와의 협업 하에 노태우 대통령의 북방정책과 통일정책으로 대부분 수용이 되었다.

3.1절 기념사를 통해 통일비전 표명

민주화의 진전과 더불어 노태우 정부가 통일논의를 개방함으로써 국민들 사이에 자유로운 통일논의가 활발히 일어났으며, 일부에서는 이를 행동의 차원으로까지 옮기는 등 통일에 대한 열망이 강하게 분출되어 왔다. 특히, 1988년 서울 올림픽의 개최국으로서 북방정책을 표방하며 사회주의 국가를 포함하여 모든 나라와 교류 협력하는 상황에서 같은 민족인 북한과도 관계를 개선하기 위한 정책적 노력이 필요하다는 요구가 그 당시 전반적으로 제기되었다.

노태우 대통령은 취임사에 이어 1988년 제69주년 3.1절 기념사를 통해 '우리가 문을 연 민족자존의 시대는 통일을 준비하고 통일을 향해 전진하는 시대'라고 규정하였다. 또한 조국 통일의 길을 열기 위해 '언제 어디서나 누구와도 만날 것이며 그것이 아무리 험난하다 해도 주저하거나 두려워하지 않고 그 길을 터 나갈 것'이라며 통일에 대한 노태우 대통령의 통일 국정철학을 제시하며 자신의 의지와 집념을 연이어 발표하였다. 이와 더불어 우리와 외교관계가 없는 북방의 대륙 국가들과의 폭넓은 교류의 길을 트는 것은 '통일을 향한 우리들의 전진에 한 관문을 여는 것이 될 것'이라고 강조함으로써 노태우 정부의 대외 문호개방정책이 통일에 가지는 의미를 분명히 하였다.

새로운 통일정책 방향 정립

1988년 3월 14일 청와대에서 노 대통령에 대한 국토통일원 업무보고 계기에 이홍구 장관은 국민 다수의 부정적인 통일전망을 긍정적인 방향으로 전환시키는 것이 긴요하다는 문제 인식하에 제6공화국의 새로운 통일정책 방향과 내용에 대해 보고하였다. 그 구체적 방안들로 국토통일고문회의 운영 활성화, 국회와 지방단체들을 통한 국민여론 수렴, 북한 상황 및 남북관계 현황에 대한 언론 브리핑 정례화, 종교·사회단체·대학 등과 긴밀하게 대화 협조하며, 북한 자료의 개방을 확대하겠다고 보고하였다. 이에 대해 조선일보가 그 다음 날인 3월 15일 "통일논의의 개방화"라는 제목의 사설을 통해 "상당히 진취적이며 구체적이고 현실감 있는 몇 가지 통일정책의 실천방안"을 내놓았다고 논평하는 등 언론의 반응도 긍정적이었다. 한편, 북한 자료의 개방과 관련한 후속 조치로 1989년 5월 22일 '북한및공산권정보자료센터'가 광화문우체국 6층에 개설되었고 현재(2024년 10월)는 국립중앙도서관에 '북한자료센터'로 운영되고 있다.

7.7 선언 이전 통일정책 대전환 메시지

　노태우 대통령은 대통령 취임부터 '민족자존과 통일번영을 위한 대통령 특별선언'(7.7 선언) 발표까지 4개월여 동안 계기가 있을 때마다 전향적인 통일·대북정책과 관련한 메시지를 발신하였다.

　1988년 3월 24일 민주평화통일자문회의 오찬 연설에서 '이 시대에 우리 모두가 추구하는 최고의 가치는 통일된 민족국가를 건설'하는 일이라고 강조하였다. 4월 15일 민주평통자문회의 자문위원 친서를 통해서는 '몇 년 안에 남북이 마주 앉아 진진하게 대화하며 교류와 협력을 실천하는 새로운 역사가 펼쳐질 수 있을 것'이라고 남북관계에 대해 전향적인 메시지를 발신하였다.

　특히 노 대통령은 1988년 4월 21일 취임 후 첫 번째 가진 기자회견에서 통일을 위한 본격적인 준비 시기가 다가오는 것에 대비하여 앞으로의 임기를 남북협력을 통해 평화통일을 열어 나가는 시대로 삼겠다고 선언하였다. '북한이 무력으로 남한을 적화통일하지 않겠다는 노선변화가 생길 때 우리는 과감하게 대결상황을 청산하고 생산적인 신뢰 관계를 맺어 나갈 것'임을 강조했다. 이는 제6공화국의 통일정책이 우리 민족 모두가 함께 잘 살 수 있는 '민족공동체' 형성을 지향하면서 이를 위해 남북한 간의 소모적 정치선전전을 지양하고 한반도의 진정한 평화통일을 향한 새롭고 실천적인 노력을 기울여 나가는 데 역점을 두고 있는 것을 보여준 것이었다. 또한 노 대통령은 '내 임기 중 4-5년 안에 남북관계에 획기적인 진전이 이루어질 수 있는 전기가 올 것'이라고도 밝히었다. 한편 동 기자회견에서 남북정상회담의 성사를 위해 노력하고 있으며, 남북관계 개선을 위해 북측과 비공식 통로를 활용해 대화를 이어가고 있다고 언급하였다. 이는 전두환 대통령 시절부터 개설되었던 박철언 대통령 정책보좌관과 북한의 한시해 노동당 부부장 사이의 연락 채널인 소위 '88핫라인'이 노태우 정부 들어서도 계속 유지되고 있었다. 이 채널을 통해 박철언 정책보좌관은 1988년 4월 21일, 6월 16일, 10월 20일 북한의 한시해와 판문점에서 회담했고, 박철언 보좌관은 평양을 방문하여 남북정상회담 개최 문제 등을 협의한 것으로 회고하고 있다(박철언, 2005, 27~34).

1988년 5월 9일 청와대 국무회의에서 대통령 지시사항으로 '남북을 가르는 벽을 트고 하나의 겨레와 하나의 나라로 통합해 가는 일, 통일번영은 겨레의 염원이며 역사의 소명이라고 강조하였다. 이어서 5월 30일 제13대 국회 개원 연설에서 노태우 대통령은 '북한은 함께 번영을 누려야 할 민족공동체라는 입장에서 통일정책을 추진해 나갈 때'라는 입장을 밝히었다. 6월 9일 한국일보 창간 34돌 기념 특별회견을 통해 '모든 부문에서 인사교류가 실현되고 통일문제에 대한 논의를 개방합니다. 그러나 교섭의 창구는 정부로 일원화되어야 합니다'라고 통일논의 개방 원칙 및 대북 창구 단일화 원칙을 천명하였다. 1988년 6월 28일에 있은 「6. 29 1주년 기념 기자간담회」에서 노 대통령은 '남북은 공동체 인식을 갖고 남북문제를 풀어나가야 하며, 능동적 차원에서 북한의 외교활동을 도와줘야 한다'고 언급하였다. 7월 6일에는 리관유 싱가폴 수상을 위한 만찬사를 통해 대화와 교류를 통한 한반도의 긴장완화와 민족통일을 향한 노력을 강화할 것을 밝히었다.

노태우 대통령은 사회 내에 급진적 통일논의의 확산을 견제하는 한편, 제도권 내에서 통일문제 해결의 국민적 공감대를 형성하고자 하였다. 국무회의, 제13대 국회 개원식, 언론사 특별회견, 외국 정상과 행사 등 여러 계기에 남북이 대화하고 교류와 협력을 실천하는 새로운 남북관계를 만들어 통일된 민족국가의 길을 닦겠다는 의지와 메시지를 지속적으로 발신하였다. 노태우 대통령은 한반도의 정세 변화와 남북관계 상황을 우리 주도로 이끌어 나가겠다는 민족자존 및 당사자 원칙을 강조하였다. 이에 따라 임기 초반부터 남북관계 개선과 평화적 통일 기반 마련 등 메시지를 적극 발신하였다. 또한 북방정책에 대한 전향적이고 개방적인 입장 표명을 통해 국제사회와의 협력에도 적극적이었다.

4-2.
통일정책 대전환 '7.7 선언'

노태우 대통령은 민족통일에 대한 철학과 비전을 가지고 통일
환경의 개선과 통일역량의 강화를 위해 전향적인 방안을 모색하
였다. 이를 바탕으로 '민족공동체 통일'을 지향하는 새로운 통일정
책으로의 대전환을 전개하였다.

노태우 대통령의 통일철학 구상

6공화국 노태우 정부 국정지표 4개 가운데 2개인 '민족자존'과
'통일번영'이 통일문제와 관련된 것이며, '민주 화합'과 '균형 발전'
이 나머지였다. '민족자존'과 '통일번영'은 민족자결주의의 원칙에
입각하여 남북한이 하루빨리 평화적 통일을 성취함으로써 한민족
전체가 함께 번영을 이룩해 나가자는 뜻이 담긴 것이었다(김학준,
1990, 130). 노태우 대통령은 과거와 다른 새로운 차원의 남북관계

정립 및 평화적 통일정책을 전향적으로 추진하였는데, 그러한 노력은 1988년 7월 7일 '민족자존과 통일번영을 위한 대통령 특별선언'으로 구체화되었다.

노태우 대통령은 제6공화국 초대 정부 대통령으로서 출범 4개월여 만에 평화적 통일 실현을 위한 정책을 결정하고 발표한 것이었다. 7.7 선언과 관련한 작업은 1988년 5월 초 노 대통령의 구상과 지시에 따라 통일원과 외무부가 구체화하기 시작하였다.

> "노태우 대통령은 5월 초 최광수 외무장관과 이홍구 통일원장관을 각각 청와대로 따로 불러 남북관계 개선책을 협의했고, 이에 따라 최, 이 장관은 별도의 「대북정책안」을 마련했다는 것이다."
>
> — 조선일보 1988년 7월 8일자

완성된 두 개의 대북선언안을 놓고 대통령비서실장, 안기부장, 외무장관, 통일원장관, 청와대비서관이 여러 차례 회의를 거쳐 대북 선언 여부를 논의하였다. 대북 제의는 고위급 관계기관회의에서 최종적으로 실행하기로 결정됐고, 마련한 안에 대한 조정작업을 외무부와 통일원이 벌여나갔다. 박철언 대통령 정책보좌관이 관계부처 실무팀을 총괄하여 6월 하순 두 가지 안을 종합하였고 7.7 선언 6개 항으로 완성하여 노태우 대통령에게 보고하였다.

민주화로 탄생한 제6공화국은 조국의 평화적 통일의 역사적 사명을 담당하고 논의할 헌법적·민주적 정당성을 가지고 있었다. 노태우 대통령은 통일 국정철학과 새로운 통일전략 비전을 갖고 국민이 바라는 통일정책을 국민적 공감대 아래 추진코자 하는 입장에서 7.7 선언을 천명한 것이었다. "7.7 선언이 대통령 특별선언이라는 형식을 취하고 있지만 이것은 사실 국민의 선언이었다. 왜냐하면 그 당시 정부는 남북 교류를 빨리 증대시키고 물적 교류도 하고 이산가족 교류의 증대 문제 그리고 국제사회에서 남과 북이 서로를 비방하고 갈등을 노출하는 민족적 수치를 빨리 끝내야 하겠다 하는 것은 바로 국민의 뜻이라고 생각하였다."(이홍구, 1988년 8월 4일 공청회)

'민족자존과 통일번영을 위한 대통령 특별선언'(7.7 선언)

7.7 선언은 오랜 기간 남북 분단이 우리 민족에게 시련을 주었고 민족 발전을 막아 왔으므로 이를 극복하기 위해 민족공동체를 회복시키고 민족자존을 높여 통일번영의 기틀을 마련하자는 것이었다. 또한 7.7 선언은 북한을 대결의 상대가 아니라 선의의 동반자로 간주하고, 남과 북이 함께 번영을 이룩하는 민족공동체 관계를 발전시켜 나가는 것이 통일조국을 실현하는 지름길이라는 인식을 바탕으로 남북 간의 대결구조를 화해의 구조로 전환해 나가는 데 필요한 조치의 기본방향을 제시한 정책선언이었다. 남북 동포의 상호교류 및 해외동포의 남북 자유왕래 문호개방, 이산가족 생사확인 적극 추진, 남북교역 문호개방, 비군사 물자에 대한 우방국의 북한 무역 용인, 남북 간의 대결외교 종결, 북한의 대미·일 관계 개선 협조 등의 내용을 담고 있었다. 좀 더 구체적으로 6가지로 정리

하면 첫째, 정치인, 경제인, 언론인, 종교인, 문화·예술인, 학자, 체육인 및 학생 등 남북 동포 간의 상호교류를 적극 추진하며 해외 동포들이 자유로이 남북을 왕래하도록 문호를 개방한다. 둘째, 남북 적십자회담이 타결되기 이전이라도 인도주의적 견지에서 가능한 모든 방법을 통해 이산가족들 간에 생사, 주소 확인, 서신 왕래, 상호 방문 등이 이루어질 수 있도록 적극 주선·지원한다. 셋째, 남북 간 교역의 문호를 개방하고 남북 간 교역을 민족 내부 교역으로 간주한다. 넷째, 남북 모든 동포의 삶의 질을 향상시킬 수 있도록 민족경제의 균형적 발전이 이루어지기를 희망하며 비군사적 물자에 대해 우리 우방들이 북한과 교역을 하는 데 반대하지 않는다. 다섯째, 남북 간의 소모적인 경쟁·대결 외교를 종결하고 북한이 국제사회에 발전적 기여를 할 수 있도록 협력하며, 또한 남북 대표가 국제무대에서 자유롭게 만나 민족의 공동이익을 위하여 서로 협력할 것을 희망한다. 여섯째, 한반도의 평화를 정착시킬 여건을 조성하기 위하여 북한이 미국·일본 등 우리 우방과의 관계를 개선하는 데 협조할 용의가 있으며 또한 우리는 소련·중국을 비롯한 사회주의 국가들과의 관계 개선을 추구한다는 것이다.

'7·7 선언'은 남북대결 시대를 청산하고 폐쇄된 북한 사회를 개방으로 유도하며, 그 상호관계를 협력관계로 전환하여 남북관계를 선의의 동반자관계로 승화시키려는 뜻과 함께, 이를 위해 통일문제와 남북관계에 대한 인식의 대전환이 시대적 요구로 부각되고 있음을 밝히고 있었다.

북한에 대한 인식의 전환

 북한을 경쟁과 대결, 그리고 적대하는 대상으로서가 아니라 민족의 일부로 포용하여 상호 신뢰·화해·협력을 바탕으로 공동번영을 추구하는 민족공동체의 일원으로 인식하게 됨으로써 북한을 보는 시각에 대한 일대 전환을 가져오게 하였다. 분단 40여 년이 넘는 1988년 당시 시점에서도 남북한이 상호 단절과 불신 속에 민족 자해행위를 지속해 나간다면 민족역량의 소모는 물론 민족자존의 기틀마저 훼손하게 될 것이란 점에서 남과 북은 한겨레, 한 역사와 문화를 가진 민족공동체 의식을 조속히 회복해 나가야만 한다는 것이었다.

 북한에 대한 인식 전환의 논리는 하나의 민족공동체 아래 남과 북에 두 개의 체제가 있다는 사실을 전제로 북한의 현실적 존재를 인정하고 상호화해와 협력의 증진을 통해 민족통합을 지향해 나가야 한다는데 바탕을 두고 있었다. 이 같은 인식은 남북한 관계를 독립된 국가 간의 관계가 아닌, 통일이 될 때까지 잠정적 관계, 즉 한민족공동체 안의 특수한 관계로 보는 데서 출발하였다. 남북 간의 교역을 국가 간의 교역이 아닌 민족 내부의 교역으로 간주한 사실이 이를 대변함을 알 수 있다.

 북한에 대한 인식의 전환은 민족통일에 관한 구체적이고도 실질적인 접근을 가능하게 한다는 점에서 의미가 있었다. '7.7 선언'은 한 민족 안에 두 체제라는 분단의 장벽을 허물고 남북한 간의 적극적인 교류·개방·협력을 추진해 나감으로써 사회·문화·경제 부문의 공동체로 통합해 가며, 이를 바탕으로 정치적 공동체로 발전시켜 나감으로써 궁극적으로 한 국가로서의 민족통일을 실현한다는 통일이념을 내포하고 있는 것이었다.

통일·외교정책의 기조 전환

'7.7 선언'은 북한에 대한 인식의 전환과 더불어 적극적으로 통일여건을 개선해 나가겠다는 노태우 대통령의 의지를 담고 있었다. 즉, 북한을 내외로부터 고립시켜 결과적으로 북한 내부의 변화를 꾀한다는 소극적 태도에서 벗어나 북한이 국제사회의 책임있는 성원으로 참여하는데 협조함과 동시에 미·일 등 우방과의 관계개선을 도모케 한다는 적극적인 통일·외교정책으로의 전환을 뜻하고 있는 것이었다.

'7.7 선언'의 정책적 대전환은 1980년대 말에 나타나는 국제사회의 개방적 흐름에 능동적인 대응을 모색해야 할 당시 한반도 상황변화에 부합하는 것으로, 보다 긍정적인 차원에서 북한의 내부적 발전과 변화를 이끌어낼 수 있다는 남한 사회의 자신감을 바탕으로 하고 있었다. 이는 남북한 사회의 균형발전을 모색함으로써 궁극적으로 민족구성원 전체의 삶의 질이 한 단계 높아진 민족공동체를 형성해 나가야 할 당위성을 충족시켰다. 실제로 남북 간의 지나친 경제적 격차나 세력 불균형은 통일에 장애요인이 될 수도 있다는 점에서 민족경제의 균형발전을 촉진하는 견인력을 발휘한다는 것은 민족애의 차원에서도 의미가 있었다. 통일·외교정책의 대전환은 남북한 간의 인적·물적 교류를 촉진하고, 남북한 사회의 상호신뢰 및 긴장완화의 분위기를 확산시킴으로써 남북관계 개선과 평화정착에 실질적으로 기여하였다. 또한, 남북 간의 소모적인 경쟁·대결외교를 종식시키고 국제사회에서의 민족 공동이익을 극대화시킬 수 있는 바탕을 마련하였다는 점, 그리고 북한과의 협력을 지향하면서도 다른 한편으로는 북한을 압박하여 개혁개방 노선을 택하도록 하는 강·온 양면의 정책을 추진하였다(전재성, 2012, 234). 다시 말하면 노태우 대통령은 북한을 적대시하는 정책을 포기하고 북한을 포용하는 정책의 효시를 보여주기는 했으나, 북한을 신뢰한 것은 아니었으며, 북한이 한국이 주도하는 북방정책과 대북정책에 끌려온 것은 "우리의 힘이 우세해야 상대가 꺾인다"는 기본적으로는 보수주의적 입장 및 본인의 공산주의관에 입각한 것으로 회고하였다. 하지만 동시에 북한을 흡수하거나 적대관계를 지속하자는 것도 아니었고, 그렇다고 북한을 있는 그대로 받아들이자는 것도 아니었다. 기본적으로 시장경제와 민주주의를 받아들이게 하는 것이 목표였다고 파악되며 실용주의적 입장에서 현실주의적인 대북 포용정책을 추진한 것이었다(박철희, 2012, 289-290).

4-3.
'7.7 선언' 후속 조치

'7.7 선언'은 남북한 관계의 새로운 전환을 이룩함으로써 남북 간의 화해와 협력을 통해 민족통합과 번영을 추구해 나가려는 노태우 대통령의 적극적 의지를 선언의 형식으로 표명한 것이었다. 노태우 대통령은 7.7 선언에 그치지 않고 남북관계 개선에 실질적 도움을 줄 수 있는 가시적인 후속조치들을 구체적이고 지속적으로 실천해 나갔다.

이와 함께 선언내용 중에 북한 측이 호응해 나옴으로써 실효를 거둘 수 있는 사항들에 대해서도 7.7 선언의 기본정신과 그 진의가 북한 측에 전달될 수 있도록 남북대화 제의 등 다각적인 노력을 병행하였다.

후속조치의 실천

1) 남북적십자 실무회담 개최 제의

1988년 7월 13일 남북적십자 실무회담 개최 제의는 7.7 선언의 제2항에서 남북적십자회담이 타결되기 이전이라도 인도주의적 견지에서 가능한 모든 방법을 통해 이산가족들 간의 생사·주소 확인, 서신왕래, 상호방문 등이 이루어질 수 있도록 적극 주선·지원한다고 밝힌 내용의 후속조치인 것을 알 수 있다. 김상협 대한적십자사 총재는 1988년 7월 13일 북한적십자회 중앙위원회 손성필 위원장 앞으로 보낸 전화통지문을 통해 중단된 남북적십자회담의 조속한 재개를 거듭 촉구하면서, 그 이전이라도 이산가족의 고통을 해소하기 위한 남북적십자 실무회의를 개최하여 제2차 고향방문단 교환실현 등 실무협의만으로도 가능한 4개 항의 사업들은 우선 추진하자고 제의하였다.

이와 함께 김 총재는 북한 측 이산가족이 친족 상봉을 위해 우리 측 지역의 방문을 원할 경우 신변안전 보장과 함께 제반 편의를 제공할 것임을 북한 측에 통보하였다. 뿐만 아니라 대한적십자사는 이외에도 7.7 선언의 기본정신에 따라 이산가족 문제의 우선 해결을 위한 각종 실천가능한 사업을 본격적으로 검토하고 있음을 밝히기도 하였다. 이에 대해 북한 적십자회 손성필 위원장은 1988년 7월 16일 전화통지문을 통해 "남북적십자회담이 남측의 반공대결 정책과 전쟁소동으로 중단되었다"면서 "적십자회담의 재개를 가로막는 제반 요인들이 제거되어야 한다"고 주장하여 김상협 총재가 제기한 '남북적십자 실무회담' 개최 제의를 사실상 거부하였다. 한편, 김상협 대한적십자사 총재는 '1천만 이산가족 찾기 운동'을 위한 남북적십자회담 제의 17주년을 맞은 1988년 8월 11일 특별 담화를 발표하였다. 김상협 총재는 담화문을 통해 북한 적십자회 측에 중단된 남북적십자회담을 조속히 재개할 것을 촉구함과 동시에, 북녘땅에 있는 가족 친척들의 생사와 주소를 확인하기 위한 '이산가족찾기신청서접수' 사업을 남북적십자회담 제의 기념일인 8월 12일부터 11월 12일까지 3개월간 전개할 것이라고 밝혔다. 대한적십자사의 이산가족찾기신청서접수사업은 앞으로 남북적십자 간의 합의에 따라 이산가족찾기사업이 본격적으로 전개될 것에 대비하여 북적 측에 보낼 이산가족찾기 의뢰서를 미리 준비하기 위한 의미도 가졌다.

2) 남북교육당국회담 제의

'남북교육당국회담'제의는 7.7 선언에서 각계각층의 인적교류를 적극 추진해 나간다는 제1항의 후속조치의 일환이었다. 김영식 문교부장관은 1988년 7월 15일 북한 정무원 교육위원회 변영립 위원장에게 보내는 대북 서한을 통해 가능한 한 7월 30일 안에 판문점에서 남북교육당국회담을 개최할 것을 제의했다. 김 문교장관은 남북교육당국회담에서 남북학생 간의 조국순례대행진 추진 문제와 친선체육경기 교환개최 문제, 그 밖에 학생교류 추진과 관련된 문제들을 협의할 것을 제안하였다. 이 제안에서는 또 조국순례단의 규모를 쌍방 각기 1,000명 정도로 하고 우리 측 학생들은 판문점에서 백두산으로, 북한 측 학생들은 판문점에서 한라산으로 행진한 후 귀환하는 방식으로 하여 1988년 안으로 첫 번째 행사를 갖자고 하였다. 또한 친선체육경기 교환개최는 우선 축구, 남녀탁구, 남녀배구 등 구기 종목을 택해 쌍방 각기 200명 정도로 선수단을 구성하여, 1차 경기는 1988년 10월 평양에서 그리고 2차 경기는 다음 해 4월 서울에서 개최하자고 아울러 제의했다. 김 문교부장관은 이 같은 시범사업이 진전되면 남북 학생들 간에 음악, 미술, 무용, 연주 등 문화예술 분야에서 공연 및 전시회의 교환개최와 금강산, 경주 등 명승지와 민족사적지를 관광하는 '수학여행단' 교환 등으로 발전시켜 나갈 것임을 밝혔다. 이 제의는 남북한의 젊은 세대들에게 민족적 신뢰와 일체감을 회복시키고 다각적 인적교류의 확대 추진을 위한 토대를 마련하는 데 의의가 있으며, 여기에는 그동안 남북학생회담과 관련하여 제기되었던 학생들의 의견도 충분히 수용되어 있었다.

3) 전향적 대북 외교시책 시행

최광수 외무부장관은 1988년 7월 16일 한반도에서 긴장을 완화시키고 평화를 정착시키며 민족공동체로서의 남북관계를 발전시켜 나가기 위해 7.7 선언의 후속조치로 정부가 실천해 나갈 관련 외교시책을 밝혔다. 그 내용의 요지는 첫째, 미국과 일본을 위시한 우리의 우방들이 자국의 법령과 정책에 따라 북한과 비군사적 물자를 교역하는 데 반대하지 아니한다. 둘째, 비군사적 물자라 함은 대공산권수출통제위원회(COCOM)의 규제 대상이 아닌 일반상품 및 기술자료를 지칭한다. 셋째, 이와 같은 교역을 위하여 상담 등을 목적으로 한 우리 우방과 북한 간의 민간인의 왕래를 반대하지 아니한다. 넷째, 상기와 같은 목적을 위하여 우리 우방이 북한에 민간상사의 지사 또는 지점을 설치하는 데 반대하지 아니한다. 다섯째, 국제사회에서 북한의 위치를 인정하면서 북한이 유엔헌장의 정신과 원칙에 따라 세계 평화와 인류의 발전에 기여할 것을 희망하고, 북한이 국제사회의 책임 있는 일원으로 참여할 수 있도록 협력한다. 여섯째, 북한과 소모적 경쟁·대결 외교를 지양하고, 북한이 비동맹 제3세계 국가와 관계를 정상화하는 데 반대하지 아니한다. 일곱째, 모든 국제기구, 국제회의를 포함한 외교무대에서 남북한은 민족공동체로서 중상이나 비방 등 비생산적인 논쟁을 지양할 것을 북한에 촉구한다. 여덟째, 북한이 유엔의 모든 산하기구와 전문기구, 정부 간 지역협력 및 개발기구 등에 가입하는 것에 협력할 용의가 있다. 아홉째, 북한이 세계, 어느 지역에서 개최되든 모든 문화·예술·학술·스포츠 행사 등에 참가하는 것을 환영한다. 열 번째, 남북 대표가 함께 참가하는 모든 국제회의에서 상호 접촉과 대화를 갖도록 능동적으로 대처하며, 기타 문화·예술·학술 및 스포츠 행사에서도 남북 간의 접촉과 대화를 위해 노력한다. 열한 번째, 남북의 공관이 함께 설치되어 있는 국가에서 모든 기회를 이용하여 남북 외교관 간의 접촉과 대화를 추진한다. 열두 번째, 미국과 일본 등 우리의 우방이 북한과 문화·예술·학술·스포츠 등의 분야에서 민간교류를 갖는 것에 반대하지 않으며 필요하다면

이에 협조할 용의가 있다. 열세 번째, 미국과 일본의 외교관이 북한 외교관과 제3국이나 중립적 환경에서 접촉과 대화를 갖는 것에 반대하지 아니한다 등이었다. 이는 7.7 선언의 기본정신을 구현하는 노태우 정부의 자기본위적이고 전향적·적극적인 조치임을 알 수 있다.

이에 따른 외교시책의 변화는 첫째, 국제 외교무대에서의 남북한 관계 개선 둘째, 우리 우방과 북한과의 관계 개선 셋째, 우리와 중국·소련·동구권 국가들과의 관계 개선 등 세 분야로 나누어 볼 수 있었다. 이는 균형된 교차 교류와 접촉을 통해 남북 공영의 길을 모색하였고 한반도에 안정구조 정착을 도모하려는데 초점을 둔 것이었다. 최광수 외무부장관은 이와 함께 1988년 7월 19일에는 해외 동포들의 남북한 자유왕래를 위한 후속조치를 발표하였는데, 이로써 그 당시 전 세계에 살고 있는 450여 만 명의 해외 거주 동포들의 모국 방문이 완전히 개방되었고, 북한 측의 상응한 조치를 촉구하는 의미도 있었다. 이 같은 노태우 대통령의 전향적 외교시책 전환으로 민족공동체로서의 남북한 관계가 국제사회에서 가시화될 여건이 마련되었던 것으로 볼 수 있다.

4) 북한·공산권 자료개방 및 연구

노태우 정부 대변인 정한모 문공부장관은 1988년 9월 3일 7.7 선언에 따른 대북 문호개방 정책을 구체적으로 실천하기 위하여 북한 및 공산권자료를 대폭 공개하기로 결정했다고 발표했다. 첫째, 북한 및 조총련 등 반국가단체가 선목적으로 발행한 자료 등 명백히 국헌에 위배되는 자료를 제외한 일반 공산권 자료는 모두 공개한다. 둘째, 북한의 '로동신문'과 영상자료를 일반인이 볼 수 있도록 제한적으로 공개한다. 셋째, 일반 공개에서 제외된 자료라 할지라도 학술연구 등을 위해 필요로 하는 사람들에게 불편이 없 도록 열람·대출 등 이용 절차를 간소화한다. 넷째, 정부기관 또는 공공연구기관에서 보유하고 있는 북한 및 공산권정보자료를 각계 에 최대한 공급토록 함과 동시에 이러한 자료를 손쉽게 이용할 수 있도록 종합자료센터를 설치하고 운영한다.

노태우 대통령의 이 같은 조치는 앞으로 활성화될 대공산국 교 류촉진 등에 따른 정보 수요의 증대에 부응하고, 북방정책을 보다 효율적으로 추진함과 아울러 북한 및 공산권 실상에 대한 국민들 의 올바른 인식을 통해 남북한 교류·협력 시대를 실효성 있게 보장 한다는 데 의의가 있었다. 7.7 선언을 계기로 북방정책, 즉 공산권 과의 국교 수립 및 교류 확대로 이어졌고, 북한에 대한 정보, 특히 정치와 경제, 사회와 문화 등 일반적인 정보가 일반인들에게 제공 되기 시작하였고, '중공(中共)'으로 통칭하던 중화인민공화국을 '중 국(中國)'으로 표기하는 것이 일반화되었다.

한편, 노태우 정부는 북한의 변화 가능성에 대한 연구도 본격 적으로 추진하였다. 대표적인 북한 변화 가능성 연구자료로 정치 분야에서『북한 권력 엘리트 구조변화에 따른 비교론적 연구 (1988년)』,『1990년대 북한의 정치상황 연구(1989년)』가 있었고, 경 제 분야에서『북한경제 및 무역전망(1988년)』,『연도별 북한경제 종합평가(1988-1991년)』,『최근 북한의 경제사회상 연구(1989년)』가 있으며, 사회문화 분야에서『북한 실상조사 및 이질화 극복방안 연구(1988년)』,『귀순자 증언을 통해 본 북한체제 변화실태 연구(1989년)』가 있었다. 또한 군사 분야에서『남북무력행사 규제 및 평화적 분쟁해결에 관한 협정 연구(1988년)』,『신데땅트 조류와 한반도 군축문제(1989년)』,『통일군사정책개발 시뮬레이션(1989년)』,『한반도의 군축과 평화(1989년)』가 있었고, 외교 분야에서도『중소화해와 북한의 대외정책 변화 예측(1989년)』 등이 진행되었다. 이와 같이 노태우 정부는 북한 사회 각 분야에 걸친 변화를 조기 진단하기 위해 정치, 경제, 사회문화, 군사 및 외교 분야 자료를 총망라하여 분석 정리함으로써 북한의 변화 조짐을 정확히 파악하고자 노력하였고, 이를 바탕으로 새로운 남북관계 발전에 대한 준비를 해 나갔다.

5) 대북 비난방송 중지

노태우 대통령은 남북이 하나의 민족공동체를 향해 공존공영을 도모해 나가야 한다는 7.7 선언의 기본정신에 따라 1988년 7월 19일 0시를 기해 전방지역에서의 대북 비난방송을 전면 중단하는 한편, KBS사회교육방송을 통한 대북 방송 시에도 북한 측 특정인에 대한 인신공격을 지양하기로 하는 조치를 단행하였다. 그동안 비난방송의 중지는 1972년에 발표된 7.4 공동성명 제2항 '신뢰분위기를 조성하기 위해 상대방을 중상하지 않으며'라는 조문에 의거하여 1년 동안 실시된 바 있으나, 북한 측의 일방적인 약속파기로 무산되었다. 1973년 6월 10일 북한은 남북조절위원회 공동위원장 제2차 회의의 합의사항을 위반하고 휴전선상의 4개 지역서 확성기에 의한 대남방송을 일제히 재개하였다. 노태우 대통령의 전향적이고 일방적인 대북 비방 중지 조치는 7.7 선언에 따라 활성화될 것으로 예측되는 북한 자료의 개방 및 재외교포들의 북한방문 등 대북접촉의 선행조건이었다. 뿐만 아니라 실제로 비방 방송과 같은 대결과 적대관계의 유산들을 먼저 정리하고 청산하는 것이야말로 남북 교류·협력 시대 진입을 위한 예비적 절차로써 의미가 있었다.

6) 대북한 경제개방조치

1988년 10월 7일 나웅배 부총리 겸 경제기획원장관은 성명을 통해 7.7 선언의 후속조치의 일환으로 경제 부문의 남북관계 개선을 위한 조치를 발표하였다. 구체적으로 보면 첫째, 우리 측 민간상사나 국내 외국무역상사에 의해 간접무역 형태로 군사물자를 제외한 남북물자의 국내로의 반입과 북한으로의 반출 및 이의 재반출입을 허용(민간상사 북한물자 교역허용)한다. 둘째, 우리 측 민간상사가 북한의 물자를 제3국으로 수출하거나 제3국 물자의 대북한 수출을 중계하는 행위를 허용(민간상사 북한물자 중계허용)한다. 셋째, 북한의 원산지 표시나 상표가 부착된 북한물자의 국내 반입 시 원산지 표시 또는 상표를 제거하지 아니한다(북한 원산지 표시·상표 부착허용). 넷째, 간접교역에 의해 우리 측으로 직접 인도되거나 단순히

제3국을 경유한 북한 원산지 물자에 대해서는 내국 간 거래로 간주하여 관세 기타 수입물자에만 부과하는 관세를 부과하지 아니하며, 우리 측 물자의 대북 반출 시에도 수출에 준하여 각종 수출 관련 제도를 인정한다(직·간접 교역물자 관세 미 부과). 다섯째, 우리 측 민간상사가 제3국에서 상담을 목적으로 북측 인사를 접촉하거나 북한을 방문하고자 할 경우 이를 허용하며, 북한 경제인이 상담목적으로 방한을 희망할 경우 이를 환영하고 이들에 대한 각종 편의 제공과 신변보장 등을 약속한다(남북경제인 상호접촉·방문 허용). 여섯째, 북한 선적의 선박이 남북한 또는 제3국의 교역물자를 싣고 국내입항을 요청할 경우 이를 허용한다(북한선적 상용선박 입항허용). 일곱째, 상기 사항들이 구체적으로 실현되도록 이를 뒷받침하기 위해 남북한 경제교류에 관련한 법적·제도적 장치를 마련할 것이며, 이러한 법적·제도적 장치가 마련될 때까지 남북한 간접교역에 대해서는 대외무역법상의 특수지역 교역에 관한 제 규정 등에 준하여 처리한다는 것이다. 즉 7.7 선언의 제3항인 '남북 간 교역의 문호를 개방하고 남북 간 교역을 민족 내부교역으로 간주한다'는 항목을 구체적인 실천 단계로 가시화하기 위해 우선 남북경제회담이 재개되기 이전이라도 향후의 남북 간 경제교류가 민족 전체 이익을 최대한 실현할 수 있도록 유도하는 일련의 조치를 취한 것이었다. 이는 남북이 하나의 민족으로서 공동 번영해 나가기 위한 경제공동체의 발전을 내다보며 민족경제의 규모와 질을 한 차원 높이기 위해 취한 것이었다.

노태우 대통령의 이 같은 조치는 남북한 경제교류 확대를 통해 경제 부문에서 상호 보완성을 제고함으로써 경제공동체로서의 실익을 쌍방이 공유함과 아울러 민족공동체 의식을 회복·발전시켜 나가기 위한 주도적 노력의 표현임을 알 수 있다. 북한이 개방의 장으로 나와 경제를 통한 실질적인 접촉에 호응한다면, 경제적 보완성과 지역적 근접에 따른 이익의 공동 수혜와 함께 남북 간의 대결과 단절 상황을 크게 완화시킬 수 있다고 보았다.

그 당시 남북 간에는 1984년 11월부터 약 1년간 상호 경제교류 실현을 위한 5차례의 경제회담이 개최되어 부분적으로는 상당한 합의에 도달한 경험이 있었다. 특히 1985년 6월 20일 열린 제3차 남북경제회담에서 '남북 간 물자교류 및 경제협력 추진과 부총리급을 공동위원장으로 하는 남북경제협력기구 설치에 관한 합의서'를 채택하기로 합의한 바 있었다. 따라서 이 조치는 이런 경험과 성과를 토대로 새로운 가능성을 모색하기 위해 남북 간 경제회담이 재개되기 이전이라도 어떠한 형태이든 남북한 교역이 이루어질 수 있도록 일방적인 실천방안을 제시했다는 점에서 의미가 있었다.

7) 납북·월북 작가의 해방 전 문학·음악·미술작품 규제 해제

노태우 대통령은 1988년 7월 19일 납북·월북작가 또는 재북작가의 해방 전 문학작품에 대해서 상업출판을 허용하는 조치를 단행하였다. 이번의 해금조치는 노 대통령이 7.7 선언에서 밝힌 「문화교류 개방원칙」에 따른 후속조치로서, 분단 상황 극복을 위한 노태우 정부의 적극적·전향적인 대북정책을 표명한 것이었다. 이로써 월북작가 120여 명의 해방 전 문학작품을 읽을 수 있게 되었을 뿐만 아니라, 신문학이 전성기를 이루었던 1920년대 이후 해방까지의 문학사적 공백을 메울 수 있게 되었다. 이들 작품이 금지도서로 된 것은 휴전 직후인 1954년부터였으며, 당시 금지의 기준은 작품 내용이 아니라, 작가의 소재에 있었다고 한다. 그때까지는 재북 예술인들의 작품 해금에 따른 사상적 혼란을 우려하는 분위기가 있었지만, 우리 체제의 우월성에 대한 자신감, 북한에 대한 인식전환의 필요성 등 내외여건의 성숙과 함께 7.7 선언의 기본정신을 문화적 차원에서 구현해 나간다는 취지에서 개방한 것이었다.

또한 노태우 대통령은 문학작품을 해금한 데 이어 대한민국 정부수립일인 1948년 8월 15일 이전에 발표된 납북·월북 작가들의 순수한 음악·미술작품에 대해서도 1988년 10월 27일 일반에 공개를 허용한다는 방침을 발표하였다.

7.7 선언에 대한 국내외 호응 및 북한의 반응

노태우 대통령이 7.7 선언을 한 것은 남북 간의 단절과 대치의 현실을 극복하고 북한의 호응을 이끌어내며 보다 전진적인 조치 방향을 밝힌 것이었다. 이는 또한 민족자존과 통일번영의 새 시대를 열어 나가야겠다는 노 대통령의 전향적이고도 전략적인 통일정책 추진 의지를 보인 것이었다.

평화민주당, 통일민주당, 신민주공화당 등 야 3당은 1988년 7월 7일 당일에 모두 대변인 명의 성명 발표 등을 통해 노태우 대통령의 7.7 선언을 적극 지지하였다. 이로써 7.7 선언에 대한 정치권의 초당적 협력기반은 마련된 것으로 볼 수 있었다.

7.7 선언의 전향적이고 전략적인 통일정책의 대전환에 대해 국내외 언론들도 "개방, 교류, 협력의 남북관계", "민족공동체 의식의 확인", "분단 해소의 구체화. 북은 수락하라", "미국은 노 대통령의 건설적이고 전향적인 정책을 환영한다", "한국이 북한의 고립을 타파하려는 이번의 조치는 국제관계 발전 및 국내정국의 발전에 매우 합치하는 것" 등 지지하는 논조를 보이며 북한이 이에 호응해야 한다는 입장을 나타내었다. 특히, 노태우 정부의 대북 비난방송을 전면 중단하는 조치, 북한 및 공산권 자료를 공개하는 조치에 대해 북한도 상응하는 조치를 취해야 한다는 언론 보도가 많았다.

하지만 북한은 7.7 선언이 나온 지 나흘 만인 1988년 7월 11일 "전체 조선인민은 분렬주의 세력의 책동을 분쇄하고 조국통일위업을 성취하고야 말 것이다" 제하 '조국평화통일위원회'의 성명을 통해 노태우 대통령 7.7 특별선언을 거부하였다. 북한은 7.7 선언이 "민족화합 민주통일방안과 교차접촉안을 문구와 표현을 바꾸어 각색한 것에 불과하며, 검토할 가치도 없는 것이고, 하등 새로운 것도 없다"고 비난하면서, 긴장상태 해소를 위한 군축부터 실현되어야 한다고 종래의 '군사문제 우선해결'의 주장을 되풀이하였다. 또한 북한은 남한이 대화와 통일을 원한다면 '남북연석회의'에 호응하고 '8.15 학생회담'의 실현조건을 보장해 주어야 한다면서, 노태우 대통령의 남북 교류 제의와 상호 교차접촉에 대해서도 단계론과 분단고착화 정책이라고 평가절하하며 거부 입장을 분명히 하였다.

4-4.
'한반도 화해와 통일' 제하 유엔총회 연설

　노태우 대통령은 1988년 10월 18일 정부수립 40주년을 기해 대한민국의 대통령으로서는 최초로 159개 회원국 대표들이 참석한 제43차 UN총회에서 「한반도에 화해와 통일을 여는 길」이라는 주제로 연설을 하였다. 노태우 대통령의 UN총회 연설은 비회원국인 한국의 세계적 위상이 달라진 상황을 배경으로 한반도에서의 민족화해와 남북 간의 교류·협력, 세계 평화와 동북아 세력 구조의 안정, 통일에의 비전 등 21세기를 향한 한국의 화해와 희망의 메시지를 전 세계에 제시하였다는 점에서 역사적 의미를 내포하고 있었다.

　노태우 대통령이 동서 간에 신데탕트 기류와 개방·교류협력과 화해가 두드러지는 시기에, 남북 간의 모든 대결 관계의 지양을 선언한 7.7 선언 발표에 이어, 유엔총회 연설을 통해 동북아의 평화정책을 위한 제도적 장치와 자주적인 민족통합의 새로운 전기를 마련할 제안을 했다는 점에서 의미가 있었다. 특히 서울 올림픽을 동서 화합의 축제로 성공적으로 개최한 대한민국 대통령이 6. 25 전쟁에 대한 본인의 체험에서 우러난 화해와 평화의 메시지를 발신하며 유엔이라는 국제정치무대에서 냉전 구조의 종식 선언과 새 화해의 질서를 주장함으로써 국제사회의 공감을 받았다.

노태우 대통령 유엔총회 연설에 대한 4당 공식 입장

노태우 대통령 유엔총회 연설에 대해 여야 4당은 아래와 같이 공식 성명을 발표하였다. 특히 남북정상회담과 불가침선언 및 동북아 평화협의회를 제의한 것에 대해 긍정 평가하였고, 북한이 조속히 호응해 나오길 기대한다는 내용이었다. 노태우 대통령이 정부 출범 이후 지속적으로 추구해 온 북방정책과 새로운 통일정책 추진에 대해 여야 4당이 모두 초당적 지지와 협력 및 기대를 보여준 것은 노 대통령의 정부 초반 의제설정에 대한 공감대 형성 및 전향적 통일정책에 대한 초당적 협치 기반이 마련되었음을 반증하는 것이었다.

여당인 민주정의당은 성명을 통해 "이번 유엔연설은 화해와 협력을 바탕으로 평화통일을 달성하려는 우리 정부의 확고한 입장을 천명한 것으로서 전 세계의 전폭적 이해와 긍정적 반응을 얻을 것으로 확신한다. 이번 연설에서 다시 제안한 대로 남북한 최고책임자가 전제조건 없이 조속히 만나 모든 현안들을 논의함으로써 남북관계에 결정적 돌파구가 하루빨리 열리기를 기대한다. 휴전전안의 비무장지대에 평화시를 설치하여 이산가족 재회, 민족문화회관, 학술교류센터·상품교역장을 설치하자는 제의 등은 통일문제와 북방정책에 획기적인 전기가 될 것으로 기대한다."며 입장을 발표하였다.

평화민주당은 성명을 통해 "불가침선언을 제의하고 군비축소에 대해 논의하자는 것은 한반도의 긴장완화와 평화통일을 위해 진일보한 전향적인 자세로 평가된다. 그러나 민족통일에 대한 구체적인 비전을 제시하지 못한 것은 미흡하다고 생각되며 비무장지대에 평화시를 건설하자는 제의도 성급한 것이 아닌가 하는 아쉬움을 갖게 한다."는 입장을 내었다.

통일민주당도 성명을 내고 "정부가 6개국 평화회의 창설을 제안한 것은 민주당의 6개국 의원협의체 구성 제의와 맥락을 같이 하는 것으로 우리 당은 북한이 이 제의를 받아들여 통일과 긴장완화에 기여해 주기를 바란다. 정부는 앞으로 이번 제의를 제의로 끝내지 말고 실질적인 성사가 이루어지도록 노력을 경주해 줄 것을 촉구한다."라고 발표하였다.

또한 신민주공화당도 성명을 통해 "남북불가침 공동선언과 동북아 평화협의회를 제의한 것은 한반도의 평화공존과 통일의 지름길을 제시한 것으로 평가한다. 북한은 통일의지를 밝힌 노 대통령의 제의를 조건 없이 받아들여 빠른 시일 내에 한반도 긴장을 완화시키고 조속한 통일의 길을 마련할 것을 촉구한다."라고 발표하였다.

해외언론 대상 메시지 발신

노태우 대통령은 1988년 10월 유엔총회 연설을 전후하여 미국, 프랑스, 독일 등 주요 해외언론을 대상으로 전향적인 통일정책과 정부 입장에 대해 설명하며 통일의 역사적 필요성과 북한과의 관계개선 돌파구 마련에 대한 의지를 적극 시현하였다. 1988년 9월 5일 미국 『타임』지와 인터뷰를 통해 통일논의는 자유롭게 개방하지만 대북 대화 창구는 정부로 단일화해야 하며, 북한과의 관계 개선을 위한 돌파구를 마련할 것이며 올림픽 이후 북한도 변화할 것으로 확신한다고 언급하였다. 1988년 9월 12일 미국 NBC TV와 인터뷰에서는 북한의 서울 올림픽 불참 결정을 유감이라 표현하고 중국·소련도 개혁·개방의 방향으로 가고 있는데 북한의 엄격히 통제된 정치체제 유지는 기형적이라 생각한다고 언급하였다. 1988년 9월 17일 프랑스 『르몽드』지와 인터뷰에서 7.7 선언은 남북간 대결을 끝내고 협력관계로 나아가는 것이며, 올림픽 이후 북한도 나(노태우)의 제의를 받을 수밖에 없을 것이며, 통일은 남북 간에 대화와 경제사회문화교류를 거쳐 민족동질성을 회복해야 이룰 수 있다고 강조하였다. 1988년 9월 23일 독일 ZDF TV와 인터뷰에서는 급격한 통일방안은 위험한 모험이며, 많은 과정을 거쳐야 할 것이라면서 김일성 주석과 조건 없이 만나자고 지난 8.15 경축사에서 거듭 촉구했음을 밝히었다. 1988년 10월 20일 미국 『월 스트리트저널』과 인터뷰를 통해 "몇 년 안에 남북관계에 결정적 돌파구가 열릴 것으로 확신한다며, 그 첫 단계는 남북 간에 개방과 교류협력을 통해 남북 동반자관계를 만들고 상호 신뢰를 되찾아

민족동질성을 회복하는 것이다"라고 언급하였다. 또한 학생들의 통일문제 추진에 대해서 북한과의 대화는 정부를 창구로 하는 단일접근방식 원칙을 피력하고 이 점에 야당 지도자, 언론, 국민과 대다수 학생도 견해가 같다는 점을 강조하였다.

　노태우 대통령은 대북정책, 통일정책 추진에 있어서 국민적 합의에 기반하여야 하며, 한편으로 북한을 대화와 개방으로 이끄는 데 시간이 걸리더라도 국내외적 공감대를 형성하며 원칙과 민주적 과정을 거쳐 일관되고 지속적으로 해 나가야 한다는 통일 국정 철학을 가지고 이를 구현하기 위해 공을 들였다.

4-5.
북한의 대남전략 및 전향적 대응

1980년대 후반 당시 국제정세는 긴장완화 내지 탈냉전 분위기로 가는 데 반하여, 한반도에는 여전히 긴장이 감도는 냉전적 상황의 이중성이 있었다. 다시 말하면 국제사회의 탈냉전과 평화공존의 변화가 남북관계 및 국내정세에 그대로 반영되는 상황은 아니었다. 노태우 대통령은 그때까지 지난 40여 년간 계속되어 온 남북 간의 첨예한 대결 상황을 관리해 나가면서, 한편으로 대화의 시대로 전환하여 남북관계를 개선해야 한다는 이중적인 정책목표를 가지고 있었다. 한편, 북한은 노태우 정부 출범 초기 우리 사회의 민주화와 통일열기를 혁명역량 구축을 위한 호기로 판단하고 치밀한 정치공세를 계속 전개해 옴으로써 1988년 당시 남북관계와 한반도에는 여전히 긴장감이 흐르고 있었다.

노태우 대통령은 그 당시 북한의 대남전략과 통일전선 전술에 대해서는 법과 원칙에 입각하여 대응하는 한편, 남북정상회담 추진 등 남북관계를 대화와 협력의 방향으로 전환시키고자 하였다.

북한의 대남전략 및 통전 차원의 통일논의 주장

1988년 당시 북한의 대남전략은 한반도에서 남한과의 체제경쟁에서 승리하여 자신이 원하는 통일국가 즉, 한반도 공산화를 이룩하려는 목표를 여전히 가지고 있었다. 북한은 '하나의 조선'이라는 통일관에 기초해 통일문제를 오직 '해방과 혁명'의 논리에서 접근하고 있었다. 다시 말하면 북한은 '전 조선혁명'을 위한 혁명기지이고, 남한은 미국 제국주의자들의 강점하에 있는 해방되지 못한 지역으로 혁명투쟁의 장으로 인식하고 있었다. 북한이 제시하는 민족해방·인민민주주의 혁명전략과 통일문제는 '분단국가 혁명전략'이라는 특성을 띠게 된다는 것이었다. 오랜 기간 남북 간에 전혀 다른 정치체계가 형성되었기 때문에 2가지 성격의 혁명, 즉 북한지역에서는 이미 사회주의 혁명이 진척되고 있으나, 남한지역에서는 아직 민족해방 혁명과 인민민주주의 혁명도 착수하지 못한 상태이므로 북한지역을 강력한 혁명의 기지로 꾸미고 그의 적극적인 지원 밑에 '남조선 혁명'을 발전시키며, 남북한 인민의 단합된 힘에 의하여 조국통일을 이룩한다는 것이었다. 구체적으로 말하면 남한에서 반정부 반체제 투쟁과 주한미군 철수를 요구하는 반미투쟁을 전개하는데, 그 투쟁을 담당할 주력군으로 "기본계급뿐만 아니라 통일을 염원하는 청년학생, 지식인, 민족자본가와 소자산계급을 조직화하여 남조선혁명의 동력으로 삼아야 한다"는 것이었다(강인덕, 2022, 47-48). 이러한 북한의 대남전략은 1980년대 후반 국제사회의 탈냉전 분위기와 소련, 동구 사회주의권의 탈권위주의 변화의 바람에도 크게 달라지지 않았다. 노태우 정부가 민주화로 출범하기는 하였으나 여전히 남한 사회 내부의 모순과 갈등을 최대한 첨예화하고 다양한 통일전선 형성 등으로 사회혼란을 유도하여 북한의 영향력을 확대하고자 하는 입장이었다. 특히 민주화 진전에 따른 통일문제 논의의 활성화 분위기를 최대한 활용하여 북한에 유리한 여건을 조성하려고 하였다.

북한은 우리 사회를 '비핵평화통일애국자 세력'과 이를 탄압하는 '파쇼반통일매국자 세력'으로 크게 나누어 선동하는 전형적인 대남 통일전선전술을 구사하고 있었다.

1988년 당시 북한의 통일논의 관련 주장을 보면, "좌경통일논자들은 애국애족의 충정으로부터 주한미군철수 비핵평화운동, 반공정책 철폐 등의 주장"을 펴는 "애국자"로 표현하고 있다. 그에 반해 "좌경통일론의 척결자들"은 "매국노"로 지칭하며 "반파쇼 민주화와 조국통일을 위한 투쟁"을 "반미자주화를 위한 투쟁과 밀접히 결부"하여 "민족해방의 올바른 궤도"라며 선전·선동하고 있음을 알 수 있다.

이러한 북한의 대남전략에 따라 북한은 7.7 선언에 대해서도 1988년 7월 11일 '조국평화통일위원회' 성명을 통해 "7·7선언이라는 것은 美 제국주의가 만들어놓은 설계에 따라 분단을 영구화하려는 의도에서 나왔다"라고 비판하고, 김일성 주석이 1988년 1월 1일 제의한 '북남 당국·정당들·사회단체들의 연합회의'를 열 것을 되풀이했다. 북한은 1988년 1월 12일 노동신문 '조국통일에 대한 열망을 담은 민중통일론' 제하 논설을 통해 "민중통일론이란 남조선의 당국자들 속에서가 아니라 광범한 재야의 진보적 인사들, 언론계와 양심적인 종교인들, 청년·학생들 속에서 벌어지고 있는 통일에 관한 논의들을 말한다."며 남한 당국의 대표성을 배제하려고 하였다.

노태우 대통령의 전향적 대북정책 수립·추진

노태우 대통령은 국내 재야 및 운동권의 급진적 통일논의와 북한의 대남전략에 대해 통일논의는 개방하되, 대북 교섭창구는 당국으로 단일화하는 원칙을 발표하고 이를 일관되게 견지하였다. 다른 한편으로는 노태우 대통령의 민족자존의 새로운 시대를 열어 나간다는 전향적인 북방정책, 새로운 통일정책의 대전환에 따라 남북관계 발전과 통일 준비를 위한 남북대화를 적극적으로 제의하였다. 이렇게 전향적인 대북·통일정책을 추진할 수 있었던 배경에는 1960년대 후반부터 벌어지기 시작한 남북한 경제력 격차에 따른 자신감이 기저에 깔려 있었다.

<그림 4> 남북한 경제력 비교 그래프

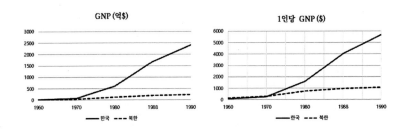

<표 13> 남북한 경제력 비교(1960~1990)

	연도	1960	1970	1980	1988	1990
GNP (억$)	한국	19.5	79.9	603.0	1,692	2,422
	북한	15.2	39.8	135.0	206	231
	비율 (남/북)	1.28	2.00	4.47	6.62	10.5
1인당 GNP ($)	한국	94	248	1,589	4,040	5,659
	북한	137	286	758	980	1,064
	비율 (남/북)	0.69	0.87	2.09	4.12	5.4

※ 출처: 통일원, 『분단 45년 남북한 경제의 종합적 분석』(1990), p. 51.

노태우 대통령은 1988년 6월 8일 이현재 국무총리의 남북고위 당국자회담 제의에 이어 7월 7일 노태우 대통령의 "민족자존과 통일번영을 위한 특별선언(7.7 선언)"과 7월 15일 김영식 문교부장관의 남북학생교류 실현을 위한 남북교육당국회담 제의에 이어 7월 19일 최광수 외무부장관의 해외동포의 남북한 방문을 자유화하고 남북한 방문 해외 동포의 신변안전 보장을 위한 남북한 관계당국 회담을 연이어 북한에 제의하였다. 이와 같이 노태우 대통령은 전향적인 대북정책·통일정책의 전환과 이를 남북 당국회담을 통해 구현하고자 하는 남북관계 개선과 통일 실현에 대한 의지를 가지고 이를 구현하고자 하였다.

한편 민족공동체적 시각에서 화해와 협력을 모색하려는 대한민국의 적극적인 노력과 성의를 북한이 통일전선전략 차원에서

악용하고 있음에 따라 노태우 대통령은 이에 대한 경고와 함께 북한의 노선전환을 촉구하였다. 북한은 1989년 봄 이래 대한민국 내의 특정 인사들을 선택적으로 불러들여 대한민국 정부를 약화시키고 사회분열을 노리는 전략을 지속하고 있었다. 노태우 대통령은 북한의 이러한 자세와 행동이 남북관계를 개선시키는 데 근원적 장애물임을 분명히 지적하고 통일과업을 본격적으로 추진해 나가기 위해 필요한 최소한의 객관적 조건을 제시하며 북한의 태도 변화를 이끌어 나갔다. 노태우 대통령은 1989년 8월 15일 '제44주년 광복절 경축사'를 통해 세계와 한반도 주변 정세의 큰 변화 속에서 남북관계의 진전을 가로막고 있는 것은 북한이 이른바 「남조선 적화통일」에 변함없이 매달려 있기 때문이며, 우리 사회 내부에서 일부 세력이 북한의 그릇된 환상을 부추기고 있기 때문이라고 진단하였다.

노태우 대통령은 북한의 대남 통일전략전술에 대해 자유민주적 법질서 제도하에서 원칙적으로 대응하는 한편, 7.7 선언 등 새로운 통일정책 기조 전환에 따라 북한에 남북대화를 제의하며 남북관계의 패러다임을 전환시키고자 하였다. 이러한 일관되고 분명한 대북 전향적 정책의 추진과 조치들은 남북한 국력 차이로 인한 자신감과 국제적 탈냉전 정세 변화에 기인한 측면이 있었다. 또한 그 당시 우리 국민의 절반가량은 북한이 한국전쟁을 일으키기는 했으나 '동반자'라는 의식을 가지고 있는 것으로 나타났는데 이러한 국민적 통일의식은 민주화 진전과 더불어 노태우 정부의 전향적 의제설정에도 영향을 주었다.

한편, 북한은 김일성 주석이 1988년 정권수립일 9·9절 기념행사

연설에서 직접 '통일은 누가 누구를 먹거나 누구에게 먹히는 방식으로 이뤄져서는 안 되며 공존의 원칙에서 풀어야 한다'는 취지의 언급을 하였다. 이러한 북한의 공식 발표 내용의 의미를 파악하고 있었던 당시 노태우 정부는 북한의 그 당시 정세 인식과 우려·불안을 감지하고 있었고 북한 정세에 대한 연구 등을 통해 향후 남북관계의 변동성 및 진전 상황에 대비하고 있었다.

4-6.
남북정상회담 추진

　노태우 대통령은 1988년 8월 15일에 운동권 학생들의 판문점으로의 행진을 봉쇄하면서 다른 한편으로 김일성 주석에게 자신이 평양을 방문해 남북정상회담을 열 뜻이 있음을 거듭 제의하였다. 노 대통령은 1988년 제43주년 광복절 경축사를 통해 "민족의 통합을 실질적으로 추진해 나가기 위해 가능한 한 빠른 시일 안에" 남북정상회담을 할 것을 제의하였다. 특히 "남북의 지도자가 서로 만나 민족의 장래문제를 허심탄회하게 논의하는 데 있어 장소, 의제, 절차 그 어느 것도 장애요인이 될 수 없을 것"임을 강조하였다.

　노태우 대통령은 대통령으로 선출되기 이전부터 남북한 문제해결의 한 방법으로서 남북정상회담 개최를 강력하게 제기해 왔다. 1987년 9월 15일 당시 민정당 총재로서 미국을 방문한 노태우 대통령 후보는 내셔널 프레스클럽 기자회견에서 "남북한 최고 책임자의 서울·평양 교환방문이 실현되도록 힘을 기울이겠다"고 언급한 바 있으며, 민정당의 대통령 선거 공약사항에서도 이를 재확인했다.

노태우 대통령은 1988년 2월 25일 제13대 대통령 취임사에서도 "한반도의 평화와 민족의 재결합을 위한 길이 보인다면 세계 어느 곳이든 개의하지 않고 방문해 어느 누구와도 진지하게 대화할 용의가 있다"고 밝힌 바 있다.

바로 이어서 3. 1절 기념사(1988.3.1.)에서도 "우리가 문을 연 민족 자존의 시대는 통일을 준비하고 통일을 향해 전진하는 시대이다. 조국통일의 길을 열기 위해서는 언제 어디서나 누구와도 만날 것이며, 그것이 아무리 험난하다 해도 주저하거나 두려워하지 않고 그 길을 터 나갈 것"이라고 하였다.

노태우 대통령은 1988년 4월 21일 취임 후 첫 번째 가진 기자회견에서도 "통일이라고 하면 국민들 중 많은 사람들이 부정적으로 생각했지만 이제는 긍정적으로 바꾸어야 한다. 통일을 위한 본격적인 준비 시기가 앞으로 닥쳐오게 될 것이다. 이를 위해서는 여러 가지 방법이 있을 것이지만 가장 효과적인 방법은 남북정상회담을 통해서 해결해 나가는 것이라고 생각한다"라고 해 남북정상회담의 필요성을 일관성 있게 강조하며 계기가 있을 때마다 남북정상회담의 개최를 제의하였다.

김일성 주석은 '조선민주주의인민공화국' 창건 40주년을 하루 앞둔 1988년 9월 8일 평양에서 열린 군중대회에서 "남조선 고위급 인사의 평양 방문을 환영하며 그와 남조선 주둔 미군의 철수, 조선과 미국 사이의 평화협정 체결, 북남 사이의 불가침선언 채택을 전제로 한 고려민주연방공화국의 수립을 논의할 용의가 있다"라고 연설하였다. 북한의 최고 지도자인 김일성이 남북정상회담에 관해 직접 언급하는 반응을 보인 것이었다. 통일을 실현하기 위해서는 누가 누구를 먹거나, 일방이 타방을 압도하는 것이 아닌 공존의 원칙에서 남북대화를 통해 통일을 위한 근본문제부터 풀어야 한다는 것이다. 남북고위급회담에서는 남과 북이 불가침선언을 채택하고 통일국가의 연방정부를 세우기 위한 기구를 창설하는 문제가 협의되고 해결되어야 한다는 것이다. 통일을 실현하려는 진정한 의사를 가지고 평양에 찾아오는데 대해 환영하지만, 남북 최고위급회담이 실현되어 성과를 낼 수 있도록 조건이 성숙되어야 한다는 취지의 공개 연설을 한 것이다. 우리 측의 남북정상회담 제의에 대해 계속 침묵을 지키던 김일성 자신이 직접 처음으로 공식 반응을 보였다는 점에서 그 당시 많은 관심과 함께 의미와 기대를 불러왔다.

"조국통일을 실현하기 위하여서는 누가 누구를 먹거나 먹히우지 않고 일방이 타방을 압도하거나 압도당하지 않는 공존의 원칙에서 (중략) 남북대화에서는 통일을 위한 근본문제부터 풀어야 합니다. 남북고위급회담에서는 남과 북이 불가침선언을 채택하고 두 제도를 그대로 두는 조건에서 통일국가의 연방정부를 세우거나 그 실현을 위한 「평화통일위원회」를 창설하는 문제가 협의되고 해결되어야 할 것입니다. 조국통일을 실현하려는 진정한 의사를 가지고 평양에 찾아오는 데 대해 환영할 것입니다. 문제는 남북최고위급회담이 실현되어 진정한 성과를 거둘 수 있도록 조건을 성숙시키는 데 있습니다."[5]

그러나 김일성 주석은 상기 연설을 통해 한반도에서 평화의 담보를 마련하기 위해서는 북한과 미국 사이에 평화협정을 체결하고 남과 북 사이에 불가침선언을 채택하여야 하며, 남한에서 미국군대와 핵무기를 철거시키고 남과 북의 무력 감축을 강조함으로써 사실상 종전의 군사문제 우선해결의 입장을 고수하였다. 그럼에도 불구하고 김일성의 남북정상회담과 관련한 발언은 북한정권수립 40주년(1988.9.9) 기념일을 맞아 초청한 외빈 앞에서 발표한 것이며, 국제적 관심사인 서울 올림픽(1988. 9. 17.~10. 2)이 임박한시점에서 나온 것이었다. 비록 전제조건을 내세우고 연방제 통일방안만을 협의하자는 한계를 설정하기는 하였으나, 김일성 자신이 직접 남북정상회담 문제를 언급한 것은 최초의 일이었고, 특히 '남북공존'이라는 표현을 쓴 것도 특별하였다. 당시 탈냉전의 세계사적 전환기에 북한당국에 대한 소련과 중국의 회담종용 압력이있는 상황에서 서울 올림픽을 목전에 두었기 때문에 이는 국내외적 관심과 주목을 받았다.

이에 대해 이홍구 국토통일원장관은 1988년 9월 10일 김일성의남북정상회담 언급과 관련하여 논평을 발표하였다. "지난 8.15 광복절 대통령 경축사에서 통일로 향한 남북관계개선의 획기적 돌파구를 마련하기 위해 남북정상회담을 제의한 데 대해 금번 북한

5　『로동신문』, 1988년 9월 9일. ; 국토통일원, 『남북대화』 제45호(1988.7.~1988.10), pp. 57-58.

의 최고책임자가 직접 반응을 보여 온 것을 주목한다. 북한 측이 정상회담 실현의 조건으로 그들이 종래 주장해 온 일련의 전제조건을 되풀이한 것은 유감스러우나 일단 정상회담의 가능성을 시사했다는 측면에 유의하면서 정부는 남북정상회담의 실현을 위해 모든 가능성을 다각적으로 신중히 검토해 나갈 것이다."라는 전향적인 입장을 내놓았다. 그 당시 노태우 대통령이 발표한 7.7 선언이 자유우방 뿐만 아니라 중국·소련·동구권으로부터도 호응을 받았음은 물론, 1988년 9월 13일 한국과 헝가리의 대사급 상주대표부 개설 합의 등 북방정책의 가시적인 성과가 나타나고 있었다.

또한 1988년 10월 18일에 분단 사상 처음으로 대한민국 대통령이 유엔총회에서 연설하며 '남북정상회담에서 한반도 평화정착의 제도화와 통일실현 방안, 군축 등을 토의하고 타결하자'고 남북정상회담을 대내외에 계속 제의해 놓은 상황이었다.

서울 올림픽의 성공적 개최 등 국내외적으로 자신감을 가지고 있었던 노태우 대통령은 1988년 11월 들어 박철언 대통령 특사를 북한에 보내어 남북정상회담을 추진하고자 하였다. 1988년 11월 30일부터 12월 2일까지 박철언 대통령 특사는 평양을 방문하여 북한의 허담 비서와 특사 회담을 하였다(박철언, 2005, 27-34). 이러한 점들을 종합적으로 감안해 볼 때 노태우 대통령은 북한이 가까운 시일 내에 남북 당국 간 대화에 나올 것으로 전망하고 대비하면서 향후 남북관계를 구상해 나간 것이었다.

4-7.
1988~1989년 남북 간 대화

1988년 남북국회회담 준비접촉만 8회 개최

노태우 대통령은 남북학생회담 처리 문제와 관련 1988년 7월 15일 북한 측에 남북 교육당국 회담을 제의하면서 남북한 조국순례대행진, 친선체육경기 교환 개최 그리고 남북학생교류 추진 문제를 협의하자고 하였지만, 회담은 무산되었다. 조국순례대행진 제안은 남북 쌍방이 각기 1,000명을 동시에 교환을 하고 상대방 지역을 순례하자는 것으로서 그동안 남한 학생들이나 북한 측에서 내놓은 주장보다 전향적인 내용이었다.

노태우 정부에서 1988년 남북회담이 성사되게 된 계기는 서울 올림픽이었다. 국회에서 만장일치로 1988년 7월 9일 채택한 「서울 올림픽대회에의 북한참가 촉구결의문」을 담은 서한을 7월 18일 김재순 국회의장 명의로 북한최고인민회의 상설회의 양형섭 의장에게 전달한 데서 비롯되었다. 이에 대해 북한 측은 1988년

7월 21일에 양형섭 최고인민회의 상설회의 의장이 대한민국 국회 김재순 의장 앞으로 편지를 보내 8월 중 제1차 '남북국회연석회의'를 평양에서 개최하자고 제의하는 대남 편지와 함께 「남북불가침에 관한 공동선언」 초안을 보내왔다. 이에 대해 여야 4당은 그 다음 날인 7월 22일에 당 대표회담을 열었다. 민정당의 윤길중 대표위원, 평화민주당의 김대중 총재, 통일민주당의 김영삼 총재, 신민주공화당의 김종필 총재는 이 자리에서 북한의 제의를 긍정적으로 평가한다는 데 합의하였다. 정부를 대표해 참석한 이홍구 장관 역시 이에 대해 긍정적으로 답변했다. 그는 7.7 선언의 취지에 맞게 결정하는 것이 바람직하다고 전제하고 남북국회회담의 성사를 위해 남과 북이 각각 10~20명의 대표를 뽑아 의제와 절차를 마련하도록 하는 것이 좋겠다는 의견을 제시하였다.

남한이 남북국회회담 실현에 적극적인 호응을 나타내 보이자, 북한은 1988년 8월 9일 제3차 서한을 통해 '남북국회연석회의' 준비를 위한 실무접촉을 8월 17일 판문점 북측지역인 통일각에서 갖자고 제의하였고, 마침내 1988년 8월 19일 남북국회회담 제1차 준비접촉이 성사되었다.

국내외 주요 언론들은 1988년 8월에만 4차례에 걸친 남북국회회담준비접촉에서 '남한은 의제에 있어 신축성을 보여 처음의 입장에서 후퇴하는 등 양보'가 있었으나 '북한은 회담형식에서의 연석회의, 의제에서의 불가침 선언을 고집'함으로써 회담이 진전되지 못하였고, '남한에 정치적 분열을 야기시키고 회담 실패에 대한 책임 전가로 노태우 정부를 당혹시키려는 전략'이라고 보도했다.

"국회회담과 북의 의도-통일전선 전략엔 안 속는다"(조선일보, 1988년 8월 11일), "북의 벽만 실감-진전 없이 결렬된 남북회담 접촉"(경향신문, 1988년 8월 23일), "겨레 기대 저버린 북한-남북 의회회담의정회"(중앙일보, 1988년 8월 23일), "북한이 정부와 야당이 허약한 협력관계를 유지하고 있는 남한에 정치적 분열을 야기시키고 예측된 회담실패에 대한 책임을 전가함으로써 서울 정부를 당혹시키기 위한 전략으로 회담을 승락한 것이다."(Washington Post, 1988년 8월 18일), "북한이 국회회담에 호응해 나온 것은 회담을 결렬시켜 북한의 서울 올림픽 보이코트를 정당화시키려는 저의에서 비롯된 것으로 추측된다."(L.A Times, 1988년 8월 20일) 등으로 당시 남북관계 상황을 보도하였다.

1988년에 열린 남북회담은 남북국회회담과 관련하여서만 총 8차례 판문점에서 열렸다. 모두가 남북국회회담 준비접촉과 관련된 회담이었고 최종 합의에 이르지는 못했다. 남북국회회담은 1990년 1월까지 제10차 준비접촉을 이어갔지만 남북국회회담 본회담은 결국 성사되지 못했다.

북한은 1988년 당시에도 그들의 대남전략에 따라 통전을 지속하고 있었다. 노태우 정부 출범 첫해인 1988년 당시 북한은 남한의 민주화 진전으로 열린 통일문제에 대한 논의 열기와 남북학생회담 개최 문제 등으로 갈등을 겪고 있는 남한에 대해 정부 당국 간 대화보다는 남북학생회담, 남북국회회담 개최 등의 이슈를 통해 남한 사회에 대한 영향력을 확대해 보고자 하는 의도가 있었다. '남북학생회담에 관한 공청회'(1988.8.4.)에 참석한 정용석 교수도 "북한이 남북국회회담을 받아들이는 것은 남북학생회담과 마찬가지로 정당·사회단체 연석회의의 연장선상에서 받아들이는 것으로 확신한다"는 입장을 피력한 바 있다.

1989년 분야별 남북회담 14회 개최

한편, 1989년 들어서는 상황이 조금씩 변화하고 있었다. 남과 북은 2월부터 남북고위급회담을 위한 예비회담을 시작으로, 1989년 1년 동안 남북 간에 열린 회담은 총 14회였다. 남북고위급회담 예비회담 4차례, 1990년 북경아시아경기대회 단일팀구성 참가 관련 남북체육회담 5차례, 고향방문 예술공연단 교환관련 남북적십자 실무접촉 2차례, 남북국회회담 실무준비접촉 3차례 등 1988년에 비해서 여러 채널의 남북회담이 진행되었다.

이것은 그 당시 탈냉전의 국제체제 환경 변화 요인도 크지만, 노태우 대통령이 7.7 선언, 북방정책 등 의제설정 리더십을 가지고 북한의 통전에 원칙적으로 대응하면서 남북관계를 전향적으로 일관되게 전환시키고자 하였던 것에 대한 반향이기도 하였다. 노태우 대통령은 그 당시 적극적인 북방정책의 결과로 사회주의권이 친한(親韓)으로 변화하는 데 공을 들였다. 사회주의권의 개혁과 붕괴 및 탈냉전이 진행됨과 더불어 재래식 무기 및 전략무기의 감축 등 국제적으로 군비축소의 움직임도 진행되고 있었다. 1980년대 말 세계사적 전환기에 국제적 환경의 변화는 북한 체제에 상당한 위기감을 주었고, 결국 북한을 남북 당국 간 협상의 테이블로 끌어낼 수 있었으며 분야별로도 남북대화가 시작될 수 있었다.

<표 14> 1989년 남북회담 개최 현황

회담명	일자 / 장소	회담급
남북고위급회담 제1차 예비회담	1989.2.8./판문점남측	차관급
남북고위급회담 제2차 예비회담	1989.3.2./판문점북측	차관급
90북경아시아경기대회 단일팀구성 참가관련 제1차 남북체육회담 본회담	1989.3.9./판문점남측	민간
북경AG 단일팀구성참가관련 제2차 남북체육회담 본회담	1989.3.28./판문점북측	민간
'제2차 고향방문 예술공연단 교환관련' 제1차 실무대표접촉	1989.9.27./판문점중립	적십자
('상기') 제2차 실무대표접촉	1989.10.6./판문점중립	적십자
남북고위급회담 제3차 예비회담	1989.10.12./판문점남측	차관급
'북경AG 단일팀구성참가관련' 제3차 남북체육회담 본회담	1989.10.12./판문점남측	민간
('상기') 제3차 실무대표접촉	1989.10.16./판문점중립	적십자
남북국회회담 제8차 준비접촉	1989.10.25./판문점남측	국회
남북국회회담 제4차 실무대표접촉	1989.11.8./판문점중립	적십자
남북국회회담 제5차 실무대표접촉	1989.11.13./판문점중립	적십자
남북고위급회담 제4차 예비회담	1989.11.15./판문점북측	차관급
북경AG 단일팀구성참가관련 제4차 남북체육회담 본회담	1989.11.16./판문점북측	민간

※ 출처: 통일부, 『남북회담 핸드북』(2019.6), p. 28., p. 50., pp. 53~54.

4-8.
한민족공동체통일방안의 성안 과정 및 발표

한민족공동체통일방안 연원 및 성안 계기

대한민국 정부의 통일방안의 시도는 제5공화국 시절부터 있었다. 전두환 대통령은 1982년 1월 22일 국정연설에서 '민족화합민주통일방안'을 발표하였다. '민족화합민주통일방안'은 제5공화국 통일방안으로 남북 대표로 '민족통일협의회의' 구성, 통일헌법 초안 마련, 남북 전역에서 자유 국민투표에 의한 헌법안 확정·공포, 통일헌법에 따라 총선거 실시 및 통일국회와 정부 구성 등의 절차를 거쳐 통일을 이룬다는 구상이었다. 그러나 북한의 거부와 함께 제5공화국 자체의 도덕적·정치적 정통성에 대한 비판운동이 확산되면서 국민적인 통일방안의 수립에 이르기에는 한계가 있었다. 다만 통일 과정으로 가는 과도조치로 남북연합 설정을 처음으로 제시하는 등 그 당시의 문제의식이 한민족공동체통일방안으로까지 이어져 올 수 있었다.

하지만 '민족화합민주통일방안'의 남북연합안은 국가연합과 유사한 것으로, 북한의 통일방안인 고려연방제와 비교하여 통일방안 체계를 갖춘 것이라고 하기에는 부족한 부분이 많았다. 따라서 '민족화합민주통일방안'이 나온 1982년 1월 이후 완전한 통일을 위해 무엇을 하기 위한 남북연합 과정인가에 대한 답을 찾기 위한 전문가 세미나가 많이 진행되었다. 이홍구 서울대 교수가 영국연방(Commonwealth of Nations)을 언급하며 제시했던 민족공동체 개념과 이를 만들기 위한 남북연합 방안이 제시되었다.

> "한 세미나에 이홍구 서울대 교수가 영국의 코먼웰스를 이야기를 하면서 코리아 코먼웰스, 민족공동체라는 개념으로 접근을 하면 어떠냐, 남북연합도 민족공동체를 만들기 위한 연합이다, 통일도 민족사회가 분단 이전의 공동체로 회복하고 미래로 발전시켜 나가는 이야기 아니냐, 그래서 본격적인 통일방안 작업이 시작되었지요."(구본태, 광화문필통 40회 영상, 2019)

1989년 9월 한민족공동체통일방안 발표 당시 북한은 이미 1980년 '고려민주연방공화국(Democratic Confederal Republic of Koryo)' 창립방안이라는 통일방안을 발표하였다. 북한이 '연방'이란 용어를 국문과 외국어로 표기할 때는 차이점이 있는데, 영문으로 표기할 때는 연방을 뜻하는 Federation이 아니라 국가연합의 뜻이 있는 Confederation 개념을 사용하였다. 이런 표기상 혼조는 한반도 통일문제와 관련하여 국제사회에서 호소력이 있는 통일의 중간단계로서 '국가연합'이 거론·제시되고 있는 점을 의식한 의도적 행위로 보인다. 이와 같이 '고려민주연방공화국 창립방안'은 국문('연방')과 영문 ('Confederation') 표기에 있어서 이중성을 갖고 있었다. '고려민주연 방공화국 창립방안'은 김일성의 '당중앙위원회 사업총화보고'라는 연설 속에 담겨 있는데, 그 내용은 자주적 평화통일을 위한 선결조 건, 연방제의 구성 원칙, 10대 시정방침으로 나뉘어져 있었다. 이 러한 북한의 연방제 통일방안에 대해, 전두환 정부는 1982년 '민족 화합민주통일방안'을 발표했지만 이는 제5공화국의 정통성 시비 문제와 정부의 일방적인 발표 등으로 인하여 통일방안에 대한 국 민적 합의를 형성하지는 못하였다.

국민들의 민주화 여망으로 직선제 대통령 선거를 통해 탄생한 노태우 정부는 그 출범 초기부터 국민들의 통일논의에 대한 관심 과 열망이 높았다. 노태우 대통령은 북한의 고려연방제 통일방안 에 대응하면서도 그것보다 더 좋은 통일방안을 만들어보라고 지 시하였는데 그것이 '한민족공동체통일방안'을 시작한 출발점이 었다.

대통령의 국회 시정연설 통한 통일방안 제시 예고

노태우 대통령은 1988년 10월 4일 국회에서 행한 첫 국정연설 을 통해 제6공화국 국정운영 방향을 국민과 국회의원에게 설명하 였다. '민주 번영의 통일 시대' 실현을 주제로 한 국회 국정연설에 서 노 대통령은 평양을 방문해 아무런 조건 없이 김일성과 회담할 용의가 있다며 남북정상회담을 다시 제의하였다. 또한 노 대통령은 '새 공화국의 통일방안'을 가까운 시일 안에 제시할 것이라고 언급하면서 국민 각계각층의 의견을 수렴할 것이며, 북한 측 방안도 통일에 도움이 된다면 수용할 것이라며 국민을 대표하는 국회와 국회의원들의 적극적인 협조를 구하였다. '우리 겨레의 뜻을 모아 새로운 정세 변화에 부응하여 실현가능하고 타당한 조국의 평화적 통일방안을 밝히겠다'고 약속하였다. 세계가 놀란 '경제기적', '민주정치의 기적'을 이룬데 이어 올림픽을 성공시킨 '문화국민의 기적'을 이룩한 국민과 함께 이제는 새로운 '민주번영의 통일시대'를 열어나가자며 향후 통일 국정철학의 비전에 대해 설명하였다. 노 대통령은 '우리나라를 세계의 중심 국가, 적어도 동북아시아의 중심 국가로 만들어야겠다' '통일까지는 어렵더라도 통일에 이르는 길을 확실하게 닦아 놓자'는 본인의 신념을 통일 국정철학으로 실현코자 하였으며, 그 구현 과정에서 직선제 대통령으로서 통일방안에 대한 국민적 합의를 형성하는 것이 중요하다는 인식을 갖고 있었다.

한민족공동체통일방안의 성안 작업은 학계, 법조계, 언론계의 폭넓은 의견을 수렴함으로써 국민적 공감대를 넓히고 국민적 합의를 도출해 가는 과정을 거쳐야 했다. 그리고 그 와중에 여권의 중추 세력인 보수층으로부터의 비판과 공격도 끊임없이 계속되었다(박철언, 2005, 25). 그런 지난한 과정과 어려움 속에서 노태우 대통령은 정부 출범 후 약 1년 반 기간 동안 새로운 통일방안의 모습을 만들어 나갔다.

통일방안 관련 정부·여당 내 협의 과정

　6.29 선언과 대통령 직선이라는 민주적 절차를 거쳐 노태우 정부가 출범하였으므로, 노태우 대통령은 이전의 권위주의적인 전두환 정부와는 차별화된 국정을 운영하고자 노력하였다. 그 중 대표적인 것이 국가안전기획부의 역할에 대한 조정이었다. 이는 지난 전두환 정부에서 안기부장이 주재하던 고위당정회의를 노태우 정부에서는 대통령 비서실장이 주재하고, 회의 장소도 안기부 안가에서 청와대 회의실로 바뀐 사실에서도 알 수 있었다. 노태우 정부 출범 직후인 1988년 2월 29일 첫 고위당정회의가 열렸는데, 이현재 국무총리 서리와 채문식 대표위원이 참석한 가운데 새 정부 국정운영과 당정 협조방안에 대해 협의하였다.

　대북 문제에 있어서도 안기부가 아닌 청와대 정책보좌관이 이 문제를 주도하게 하였다. 즉, 5공 시절 나라의 중요한 일은 주로 안기부가 맡아서 처리했지만, 6공 들어와서는 안기부의 그러한 권한들이 대통령 비서실로 이관됐다. 각종 회의를 비서실이 주도하는가 하면 안기부의 고유 영역이라고 할 수 있었던 남북문제마저도 청와대 비서실로 넘어갔다. 다시 말하면 노태우 정부 초기 남북문제와 통일정책 관련 사항은 청와대 비서실과 통일원이 주요 역할을 담당하였다.

　한민족공동체통일방안과 관련해서도 동 방안이 마련되고 대통령에게 보고되어 확정되기까지 여러 가지 정책결정 과정을 거친다. 그러나 가장 중요한 역할을 하는 것은 주무부처인 국토통일원과 대통령을 지근거리에서 보좌하는 대통령 비서실이었다. 특히 이홍구 국통통일원장관과 김종휘 대통령 외교안보보좌관은 오랜 기간 인적·학문적 영역을 함께 하며 국제정치적 인식을 공유하여 왔다. 이홍구 장관은 유관부처 협의를 통해 공감대를 형성하는 능력이 탁월하였고, 한민족공동체통일방안은 기본적으로 본인이 착안한 내용이었으므로 노태우 대통령에 대한 보고는 물론 야당 총재들과도 긴밀히 소통할 수 있었다.

한편 노태우 정부에서는 청와대 정책보좌관실이 남북관계와 북방외교를 일원화하여 진행하였다. 한민족공동체통일방안도 실무작업은 통일부에서 담당하였지만, 통일문제를 담당하던 청와대 비서관이 윤곽을 잡았고, 정책입안 과정에서 부처 간 의견 조율이 이루어졌기 때문에 대통령에 대한 보고는 어려움 없이 이루어질 수 있었다(박철언, 2009, 117).

통일외교안보 관련 장관회의나 관계부처 협의체가 노태우 정부에서도 가동되었는데, 그 장관회의 또는 협의체의 명칭은 정해진 것이 없이 그때그때 사안에 따라 정해졌다. 예를 들어 1988년 6월 27일 '통일정책 대책회의'가 개최되었다. 회의 주재를 한 홍성철 대통령 비서실장을 포함하여 배명인 안기부장, 최광수 외무부장관, 정해창 법무부장관, 이홍구 국토통일원장관, 최병렬 대통령 정무수석비서관, 김종휘 대통령 안보보좌관, 박철언 대통령 정책보좌관 등이 회의에 참여하여 향후 대북정책 기조를 논의하였다. 참가자들 사이에 향후 대북정책과 관련하여 보수적 방안 혹은 전향적 방안들에 대한 다양한 논의가 있었다(박철언, 2005, 27-29).

1988년 10월 31일에는 "통일방안 협의를 위한 관계장관회의"가 열렸다. 홍성철 대통령 비서실장이 회의를 주재하였고, 이홍구 국토통일원장관, 외무장관을 대신하여 신동원 외무부차관, 최병렬 대통령 정무수석비서관, 김종휘 대통령 안보보좌관, 박철언 대통령 정책보좌관 등이 참석하였다. 이 회의에서는 향후 발표할 한국 정부의 통일방안과 관련된 논의를 하였다. 이홍구 장관은 새로운 통일방안을 공식 발표하기 전에 상당 부분을 공개하는 것이 불가피한 실정이라며 취임 1주년 전인 1989년 신년 회견 때 발표하는 조기 공개 입장이었다. 그러나 회의 결과는 미국의 조지 부시 대통령 새 정부 출범(1989.1~), 북한과의 비밀협상, 폭넓은 국민적 합의 과정 필요성 등의 이유로 통일방안 관련 발표를 신중하게 하는 것으로 마무리되었다. 1988년 11월 30일부터 12월 2일까지 박철언 청와대 정책보좌관은 대통령 특사로 평양을 비밀리에 방문하여 북한 허담 비서와 회담을 가졌었다(박철언, 2005, 36-40). 새로운 통일방안과 관련한 발표를 연기한 것은 결과적으로 한민족공동체통일방안에 대한 국민적 의견 수렴과 여·야 간 초당적 협력을 위한 시간을 보다 많이 확보할 수 있게 만들었다.

노태우 대통령의 한민족공동체통일방안 발표

노태우 대통령은 1989년 9월 11일에 국회에서의 특별선언을 통해 정부의 공식적 통일방안으로 '한민족공동체통일방안'을 발표하였다. 이 통일방안은 남과 북에 서로 다른 체제가 있다는 현실을 인정하고 통일로 가는 과도적 중간단계로서 '남북연합'을 상정한 데서 출발하였다.

당시 국내 언론은 노태우 대통령의 한민족공동체통일방안 관련 발표내용을 "「통일민주공화국」 방안"(동아일보), "민족 공동체 통일방안의 명암"(국민일보), "통일로 가는 한민족공동체-새 통일방안의 구도와 의미"(서울신문), "통일에 이르는 단계들"(한국일보) 등으로 보도하였다. '북한에 대해 적화통일노선을 포기하고 먼저 민주화와 개방화에 나설 것을 요구한 것에 대해 주목하였다', '민족의 동질성 회복과 통일의지 확인에 의의가 크지만, 북한의 태도변화를 이끌어내야 하는 것은 과제다' 등의 평가가 있었다. 해외 언론도 AP 통신은 '한국 정부 관리들은 노 대통령의 제의는 「정치·군사적 문제 해결에 대한 북한 측의 일관된 입장을 긍정적으로 수용」했으며, 과거 한국 제안들의 토대를 변경한 것이라고 말했다', Washington Times(1989.9.12)는 '(한국의) 새로운 제안은 북한에 대한 두 개의 중요한 양보를 포함하고 있다. 서울은 정치군사적 문제의 논의 이전에 이산가족재회와 교역 문제를 다루어야 한다는 종래의 주장을 철회했다'고 노태우 대통령의 제안 내용을 보도하였다. 미국 국무부도 1989년 9월 11일에 '한반도 통일을 성취하기 위한 실질적이고 원대한 방안이며 북한 지도자들이 긍정적인 반응을 보일 것을 희망한다'는 내용의 성명을 발표했다. 노태우 대통령의 새로운 통일방안의 제안에 대해 전향적인 통일정책의 변화로 평가하면서 북한이 이에 대해 호응해 올 것을 기대한다는 내용이었다.

한편, 북한은 '한민족공동체통일방안'에 대해 1989년 9월 14일 조선중앙통신을 통해 '두 개의 조선'으로의 분열을 고정하는 것이며, 나라의 통일을 한없이 끌려는 제2의 분열방안이라고 비난하였다. 남북이 협상을 하려면 주한미군을 철수하고 국가보안법을 철폐해야 한다고 '고려민주연방공화국 창립방안'의 기존 전제조건 주장을 되풀이하였다.

하지만 북한은 김영남 외교부장을 통하여 "고려연방제 안이 우리 민족이 선택할 수 있는 최선의 통일방도로 된다고 확신하지만, 서로 화해하고 존중하며 양보하는 입장에서 다른 통일방안에 대해서도 허심하게 대하고 진지하게 협의할 것이며, 통일에 도움이 되는 것이라면 누구의 것이라도 폭넓게 수용할 것"이라는 것이다. 이른바 '민족통일협상회의'를 열어 "남북한에서 제각기 통일방안을 내놓고 있는 현시점에서 서로 협의하고 합의점을 찾아 하나의 통일방안을 정립할 것"이라고 밝힌 바 있었다(중앙일보, 1989년 9월 29일). 또한 그 당시 북한을 방문했던 개스틴 시거 전 미국 국무부 동아태담당차관보도 "북한의 고위당국자들은 한민족공동체통일방안을 전면적으로 부정하지 않았으며, 북한의 연방제통일방안과 타협가능성도 배제하지 않았다"고 언급한 보도도 있었다(한국일보, 1989년 11월 2일). 북한이 물론 고려연방제만이 유일한 통일방안임을 전제하고 있기는 하지만, 한민족공동체통일방안을 전면적으로 부인하지 않고 있다는 입장은 기존에 없었던 유화적·신축적인 자세를 보여준 것이었다. 노태우 대통령은 국정연설(1988년 10월 4일)을 통해 "북한 측이 제시해 온 방안 중에서도 통일에 도움이 된다고 생각되는 부분은 긍정적으로 수용할 수 있다"고 밝힌 바 있다. 그리고 한민족공동체통일방안 내용에도 실제로 남북평의회를 남북 동수의 국회의원으로 구성, 남북각료회의 등 남북연합 내 모든 기구를 남북이 동등한 대표성에 기초하여 구성한다고 되어 있다. 또한 과도적 통일체제 안에서 남과 북이 교류·협력문제와 병행하여 정치·군사문제도 협의·해결해 나갈 수 있도록 제도적 장치를 강구한다는 내용은 북한 측 입장을 수용한 것으로 볼 수 있다. 이와 같이 한민족공동체통일방안은 그 내용적 측면에서 북한측 입장을 고려했을 뿐만 아니라 그 당시 동유럽 등 탈냉전 국제정세의 변화 및 향후 한반도 상황의 불확실성에 대비한 측면이 있었다. 한민족공동체통일방안은 내용적 타당성은 물론 그 실현가능성에도 많은 역점을 둔 방안이었다.

대통령의 의제설정 리더십 역할

노태우 대통령이 보여준 의제설정의 리더십

☐ 노태우 대통령은 탈냉전 국제정세의 변화와 국민들의 통일에 대한 관심과 여망에 부응하여 새로운 통일정책으로 대전환하였다. 정부 출범 직후인 1988년 6월 2일 '통일논의 자유화 조치'를 취한데 이어 7월 7일 '민족자존과 통일번영을 위한 대통령 특별선언(7.7 선언)'을 발표하였다.

☐ 7.7 선언은 북한과의 적대적 관계를 청산하고 민족공동체 인식을 바탕으로 공동번영을 모색하고자 하는 통일정책의 새로운 패러다임이다. 북한의 국제적 고립 탈피를 지원하고 개방을 유도함으로써 한반도에 평화를 정착시키고, 오랜 반목과 대결에서 벗어나 남북관계 개선의 새로운 전기를 마련하기 위한 것이다. 7.7 선언 후속 실천조치로 남북적십자회담 및 남북교육당국회담 제의, 전향적 대북 외교시책 시행, 북한 및 공산권 자료개방, 대북 비난방송 중지, 대북한 경제개방조치 등 전향적이고 개방적인 통일정책 의제를 연이어 적극 추진하였다.

□ 북한의 통일전선전술 시도에는 대북 협상창구 일원화 원칙과 법에 따른 대응으로 상황을 관리해 나갔다. 한편, 노태우 대통령은 취임 첫 해만 6번을 포함하여 계기 시마다 남북정상회담을 제의하며 남북관계를 대화와 교류협력으로 전환시키고자 하였다.

□ 한민족공동체통일방안은 정부 내 성안 작업, 대국민 예고, 초당적 협력 및 범국민적 의견 수렴을 통해 대한민국의 명실상부한 통일방안으로써 국민적 합의 기반을 가질 수 있었다.

지금까지 대통령의 리더십 역할을 중심으로 한민족공동체통일 방안이 어떻게 국민적 합의를 형성하였으며 그것을 만든 요인은 무엇인지에 대해 살펴보았다. 노태우 정부 출범 당시 국내 민주화 진전 및 국제사회의 탈냉전 흐름 등 환경적 요인도 통일방안에 대한 국민적 합의 형성에 긍정적인 작용을 하였다. 하지만 한민족공동체통일방안의 국민적 합의를 만든 핵심 요인은 노태우 대통령이 보여준 국민소통·정치협상·의제설정의 대통령 리더십 역할이었다. 국민적 합의를 형성한 한민족공동체통일방안은 그 이후 제6공화국 역대 정부 모두가 정부의 공식적인 통일방안으로 계승하며 이어져 오고 있다.

노태우 정부가 1988년 2월 출범한 지 1년 6개월여 만인 1989년 9월에 한민족공동체통일방안에 대한 국민적 합의 기반을 어떻게 가질 수 있었는지? 이에 대해 대통령의 세 가지 리더십을 중심으로 정리해 보았다.

첫째, 시민사회와의 소통 및 국민적 합의 형성과정에서 노태우 대통령이 보여준 국민소통(public communication)의 리더십 역할이었다. 노태우 정부는 출범 초기부터 학생, 재야단체를 중심으로 급진적인 통일논의가 확산되었고, 이에 대한 국민적인 우려가 있었다. 노태우 정부 출범 당시 남북학생회담 개최 문제 등을 요구하는 학생들의 목소리와 재야 시민사회의 통일문제 논의와 해결방안에 대한 강한 압력이 있었다. 노태우 정부는 국민들의 민주화 여망에 따라 통일논의를 개방하였지만, 급진세력이 헌정질서를 침해하는 것에 대해서는 법과 원칙에 따라 대처하였다. 그 당시 재야 운동권은 남북학생회담 개최투쟁 등 통일문제를 급진적인 방안으로 해결코자 하였고, 북한도 대남전략하에 자신들의 주장을 우리 사회 내부에 확산시키며 통전 시도를 계속하고 있었다. 이에 대해 노태우 대통령은 대북 협상창구의 일원화 등 법과 원칙에 입각한 대응과 함께 급진적 통일논의의 확산을 견제하는 가운데 제도권 내에서는 통일정책에 대한 국민적 공감대를 형성해 나갔다. 한편, 노태우 대통령은 통일방안 마련과 관련하여 간담회, 워크샵, 여론조사, 언론논조 분석 등을 통해 전문가, 학생 및 재야 단체를 포함하는 시민사회의 의견을 폭넓게 수렴해 나갔다. 여기서 모아진 국민들의 의견을 정리하였고, 한민족공동체통일방안을 마련함에 있어서 민족사회 공동체의 회복에 주안을 둔 '한민족공동체' 개념과 통일국가의 중간단계인 '남북연합' 개념을 정립해 나가면서 새로운 통일방안에 수렴된 의견들을 모두 반영하였다. 민주화 진전에 따라 국민들의 통일논의도 활성화된 상황에서 노태우 대통령이 시민사회와 대화하며 공감대를 이끌어낸 국민소통의 리더십은 한민족공동체통일방안의 국민적 합의를 가능하게 한 주요한 요인이었다.

두 번째는 야당과의 협치 및 초당적 협력과 관련된 노태우 대통령의 정치협상(political bargaining) 리더십 역할이었다. 제13대 국회 (1988년~1992년) 초반의 여소야대 다당제 상황에서 야당과의 협력·협치를 통해 국민들의 통일문제에 대한 논의를 제도권에서 해결하고자 하였다. 특히 노태우 대통령은 여야 영수회담을 통해 야당 총재들을 국정의 파트너로 참여시키고 여야 지도자 간 협치 체제를 구축하며 신뢰를 형성해 나갔다. 노태우 대통령과 그 당시 소위 3김으로 통하는 김대중, 김영삼, 김종필 야당 총재와의 협치는 한민족공동체통일방안의 여야 4당 합의를 통한 국민적 합의 형성에 주춧돌 역할을 하였다. 또한 한민족공동체통일방안의 성안과 관련하여 국내 정치적으로 야당인 평화민주당의 김대중 안과 통일민주당의 3단계 통일방안과 공감대를 형성함으로써 여야 합의의 토대를 마련하였다. 노태우 대통령이 여야 동반자 시대를 선언한 바와 같이 국회 상임위와 통일정책특별위원회를 적극적으로 활용하여 노태우 정부의 통일정책과 현안에 대해 설명하고 소통하면서 국민적 공감대를 넓혀 나갔다. 한편 일부 보수 강경 세력의 반발도 있었지만 이를 통제 관리하며 여권 내 협력을 도모하였다. 국회 특위가 주최한 공청회 계기에 여·야 간 초당적 협력은 물론 시민사회 각계각층의 의견 수렴과 정책 설명 등을 통해 통일정책에 대한 국민적 합의 기반을 구축해 나갈 수 있었다. 여소야대 상황에서 노태우 대통령이 초당적 협치 마인드를 가지고 발휘한 포용적 정치협상의 리더십은 한민족공동체통일방안의 국민적 합의를 가능하게 한 핵심적인 요인이었다.

세 번째, 노태우 대통령은 의제설정(agenda-setting) 리더십을 발휘하여 새로운 통일정책의 대전환을 이루었다. 이를 통해 남북관계의 개선과 함께 한반도 평화체제 및 통일을 앞당기기 위한 노력도 하였다. 1987년 국민들의 민주화 요구로 6.29선언을 거쳐 헌법개정을 통해 제6공화국이 출범하였고, 헌법에는 평화적 통일 과업이 대통령의 책무로 규정되었다. 그 당시 국제사회의 탈냉전 분위기와 함께 1988년 서울 올림픽도 동서 양 진영에서 160개 나라가 참가하는 등 평화와 화합의 분위기가 조성되어 있었다. 국내적으로도 국민들의 통일문제에 대한 요구가 분출하고 있었다. 노태우 대통령은 정부 출범 초부터 국내적 민주화 및 탈냉전 국제사회 환경 변화에 능동적으로 대처하여 북한을 비롯한 사회주의 국가와 새로운 화해 협력관계로 대전환하는 북방정책을 추진하였다. 국민들의 통일논의를 개방하고 '민족자존과 통일번영을 위한 특별선언'인 7.7 선언을 통해 북한을 적대적인 경쟁 상대가 아닌 대화와 협력의 상대로 전환하는 새로운 통일정책의 대전환을 이루었다. 그리고 이를 적극적·전향적으로 실천하기 위해 남북정상회담 제의, 북한·공산권 자료 개방, 대북한 경제개방조치 등 일련의 후속 조치들을 일관되게 추진해 나갔다.

한편 북한이 우리 사회 내 일부 세력과 연대하여 통일전선 전술을 시도하는 것에 대해서는 대북접촉창구의 일원화, 당국 간 협상원칙에 따라 대응해 나가며 사회적 갈등을 조정하였고 남북관계를 정립해 나갔다. 다른 한편으로 노 대통령은 광복절 경축사 등 계기 시마다 남북정상회담을 지속적으로 제의하며 남북관계의 주도권을 가지고 정세를 이끌어 나가고자 하였다. 이와는 별도로 노태우 대통령은 통일정책 결정 과정에서 대통령을 보좌하는 청와대, 정부 내 각료들의 발탁 및 그들의 전문적 판단을 존중하고 의견을 청취하며, 역량을 발휘할 수 있도록 믿고 맡기는 용인의 리더십을 발휘하였다. 이를 통해 통일전략을 설정하고 통일정책 역량을 구축해 나가면서 관계부처·기관 간 정책조정회의 및 당정협의 등을 통해 정책적 공감대를 형성해 나갔다. 강력한 대통령제하에서 노태우 대통령의 통일 국정철학에 따른 의제설정의 리더십은 한민족공동체통일방안의 국민적 합의를 가능하게 만든 주요 요인이었다.

지속가능한 통일정책을 위한 제언

시시각각으로 변화하는 국내외 정세 상황 속에서 통일 미래 한반도를 만들기란 쉽지 않은 과업이다. 그럼에도 불구하고 미래 세대를 위해 우리 세대가 할 수 있는 것은 대한민국의 지속가능한 통일정책 기조를 일관되게 추진함으로써 평화적인 통일 과업에 대비하는 것이다. 정권 변화와 관계없이 지속가능한 통일정책은 국민적 합의에 기반하여 수립·추진되어야 한다.

첫째, 통일방안에 대한 국민적 합의는 결국 여권과 야권의 공감대가 형성되고 여야 간에 합의를 이루는 것이다. 지금까지 제6공화국 역대 정부는 여야 간, 보수-진보 진영 간에 정권 교체를 반복하여 왔지만, 정부의 공식적인 통일방안만은 변함없이 계승되어 왔다. 이는 통일정책이 정권 교체와 관계없이 계승되고 지속적인 정책으로 추진되기 위해서는 여·야 간 합의 기반을 갖는 것이 중요하다는 것을 의미한다. 특히 제6공화국 초대 노태우 정부와 2대 김영삼 정부, 그리고 제3대 김대중 정부6까지 한민족공동체통일방안에 합의한 여·야 제도권 4당의 총재 모두가 연이어 역대 정부 대통령에 취임하면서 민족공동체통일방안을 정부의 공식 통일방안으로 계승했다는 점은 적지 않은 시사점을 준다. 여·야당 사이의 초당적 협력은 물론 여야 지도자 간의 신뢰 형성이 매우 중요한 역할을 한다는 것이다.

둘째, 대통령의 리더십이 통일정책에 대한 국민적 합의 형성에 있어서 가장 핵심적이고 중요한 필요충분조건이라는 것이다. 강력한 대통령제하에서 국민적 합의를 만드는 핵심 요인은 최고 정책결정권자인 대통령의 리더십이었다. 그중에서도 시민사회와 대화하고 공감대를 형성하는 국민소통의 리더십, 여권 내 강경 반대세력을 억제하며 대야 협상력을 높이고 초당적으로 협력하는 정치협상의 리더십, 그리고 시대정신에 부합하는 통일정책 의제(agenda)를 설정하고 이끌어 나가는 의제설정의 리더십이 국민적 합의를 형성하는 데 가장 중요하다는 것을 시사한다. 평화적 통일은 헌법이 부여한 대통령의 책무이며, 통일정책은 대통령의 아젠다이다.

셋째, 통일·대북정책 추진이 지속 가능하기 위해서는 정책에 대한 국민적 지지기반이 있어야 한다. 북한은 노태우 정부 초기 우리

---

6 1998년 출범한 김대중 정부는 소위 DJP(김대중·김종필) 연합으로 탄생했으며 헌정사상 정당과 정당이 협약을 맺고 공동정부를 함께 구성한 최초의 사례였다.

사회의 민주화 진전과 국민들의 통일 여망을 통전의 기회로 활용하고자 하였다. 하지만, 노태우 대통령의 전향적 통일정책 대전환과 북방정책의 지속 추진, 초당적 협력과 국민적 소통은 정책에 대한 국민적 지지기반을 넓혀 나가는 데 역할을 하였다. 이는 결국 북한의 변화와 남북 당국 간 대화 및 남북기본합의서 체결로까지 이어지며 통일정책의 성과를 가져왔다. 한편 통일정책에 대한 국민적 합의 형성에 있어서 대통령의 리더십이 중요한 것과는 별개로 시민사회와 국민이 직접 정책에 참여하는 거버넌스 방식에 대한 관심과 인식의 전환도 필요하다. 국민적 합의를 위한 정책 환경은 계속 변화하기 때문이다.

　노태우 정부는 1988년부터 1993년 초까지 만 5년 기간이었지만 여기서는 노태우 정부 초반인 1988년과 1989년을 중심으로 한 한민족공동체통일방안과 관련된 부분만을 다루었다. 따라서 노태우 대통령의 집권 5년 모든 기간에 걸친 통일정책 관련 대통령 리더십을 종합적으로 다루지는 못하였다. 한편 노태우 대통령은 여소야대 13대 국회 상황에서 야당을 국정의 동반자로 보고 3김 야당 지도자와 신뢰를 쌓으며 초당적 협력기반을 마련하였다. 그러나 이 또한 오래 가지 못하고 집권 3년 차인 1990년 1월에 보수대연합을 기치로 한 3당 합당으로 인하여 여대야소와 거대 여당의 정치로 회귀하였다. 이는 통일정책에 있어서도 여야 합의 및 국민적 합의 기반이 퇴색되는 한계를 드러내었고, 이것은 다시 노태우 정부 말기에 보수 세력 내의 분열을 야기하였다. 그 이후 김영삼 김대중 노무현 이명박 박근혜 문재인 윤석열 정부까지 여·야 간 정권

교체를 거치면서 남북관계의 부침과 더불어 보수 진보 양 진영 간에 소위 '남남갈등'의 근원을 제공하였다. 한편으로는 한민족공동체통일방안의 국민적 합의를 형성한 노태우 대통령이었지만, 다른 한편으로는 '남남갈등'의 단초를 제공했다는 점에서 역사적 아이러니를 느낀다.

'통일로 가는 대통령 리더십'은 통일정책에 있어서 대통령 개인의 역량과 리더십이 무엇보다도 중요하다는 점을 강조하였다. 하지만 그 리더십이 발휘될 수 있도록 여야 정치체제의 초당적 협력과 시민사회의 지지 및 협조 또한 반드시 필요한 것이다. 통일정책이 이렇게 국민적 합의 기반을 가지고 지속 추진될 수 있어야 통일 한반도라는 미래의 꿈이 현실로 가까워진다. 대북정책(남북관계) 및 외교정책(국제관계)도 결국 국내 정치적 국민통합과 합의에 기반할 때 추동력과 정책적 자율성을 가지고 힘있게 추진해 나갈 수 있기 때문이다.

"○○야! 통일문제는 국민적 합의를 이루는 국내 정치야!"

이승만·박정희·전두환 대통령('48~'88)의 통일정책 관련 리더십 비교

대한민국 정부 수립 후 노태우 대통령 이전까지 40년간 대통령들의 통일정책을 정리한 것이다.

1. 이승만 대통령의 통일정책 리더십 : 1948년~1960년

제1공화국 이승만 대통령은 1948년 8월 15일 대한민국 정부수립을 내외에 선포함과 동시에 통일에 관한 기본입장을 천명하였는데 그 내용은 다음과 같다. ① 대한민국 정부는 헌법의 규정에 따라 전 한반도에 대한 주권을 가진 유일한 합법정부이다. ② 선거가 보류된 북한에서 조속히 민주적 선거를 실시하여 북한 동포를 위하여 국회에 공석으로 남겨둔 100석의 의석을 채워야 한다. ③ 북한 동포들의 자발적 의사가 계속적으로 봉쇄되는 경우에는 대한민국은 무력에 의해서라도 북한에 대한 주권을 회복할 권한이

있다. 이것은 대한민국만이 한반도에 있어서 유일한 합법정부이며, 북한은 유엔결의에 따라 자유선거를 실시하여 대한민국에 합류해야 함을 공식적인 통일방안으로 제시한 것이다. 북한지역의 수복을 위해 무력행사 가능성을 제시한 것은 대한민국의 정통성을 기반으로 북한을 반란단체로 규정한 것이기는 하나, 실질적으로는 무력행사를 위한 준비를 전혀 갖추지 못했다. 따라서 이러한 선언은 대한민국의 정통성을 확실히 하기 위한 정치적 구호였다는 한계를 가지고 있었다.

이승만 대통령의 통일정책은 정부수립 당시의 국제법적, 도덕적 우월성에 기초하여 북한당국을 철저히 부정하는 인식에서 출발하였으며, 방법론적으로는 한반도 문제 해결의 국제화, 특히 유엔을 통한 해결 방법과 북한지역에서의 자유선거 실시를 가장 중요한 수단으로 보았다. 이에 따라 북한당국을 대한민국과 대등한 지위에 두고 출발하는 모든 논의는 배제되었다. 그러나 소련의 세계적화 전략을 추종하고 있던 북한은 국제적 정통성 여부와는 상관없이 무력에 의한 통일을 추구하였으며, 마침내 1950년 6월 25일 기습남침을 감행함으로써 우리 민족은 3년여에 걸친 동족상잔의 비극을 겪게 되었다.

6.25 사변은 1953년 7월 27일 정전협정이 조인됨으로써 끝이 났다. 양측은 이 정전협정에서 최종적인 평화적 해결이 완성될 때까지 한반도에서의 적대행위와 무력행위의 일체 정지를 약속하였다. 이때 확정된 군사분계선인 휴전선에 의해 남북분단이 고착화된 채 오늘에 이르고 있다.

6.25 전쟁 이후에도 이승만 대통령의 통일정책은 북한지역에 대

한 실지(失地)회복과 불법단체인 북한과 협상불가론 및 북진통일론이었다. 그런 맥락에서 1954년 제네바 정치회담을 계기로 제시한 '유엔 감시 하의 인구 비례에 의한 남북한 총선거'가 궁극적인 통일방안으로 나타나게 된 것이었다.

2. 박정희 대통령의 통일정책 리더십 : 1963년~1979년

제2공화국에서 통일논의가 국민적 합의를 도출하지 못한 채 무질서하게 전개됨과 함께 국내 정국이 혼란으로 빠져들던 시대적 상황에서 5.16이 일어났다. 5.16을 계기로 등장한 군사혁명위원회는 6개 항의 혁명공약을 발표하였다. 그중 제1항은 반공을 국시의 제1의로 삼고 지금까지 형식적이고 구호에만 그친 반공태세를 재정비 강화한다고 선언하였다. 또한 제5항에서는 민족적 숙원인 국토통일을 위하여 공산주의와 대결할 수 있는 실력배양에 전력을 기울인다고 천명하였다. 즉 반공체제의 재정비 강화와 국토통일을 위한 실력배양이 통일의 기본 방향이었던 것이다. 이로써 혁명정부 1년간은 제2공화국 시기에 활발하게 진행되었던 통일논의가 중지되고 정부당국의 공식적인 통일정책만 있게 되었다.

박정희 대통령은 1964년 1월 10일 연두교서를 통해 정부의 통일방안은 유엔을 통한 자유민주주의 원칙에 따른 통일, 실지 회복에 의한 국토통일임을 밝히고, 통일을 위한 제반 문제에 대비하기 위한 태세를 갖추어 나갈 것임을 강조하였다. 1966년 1월 18일 국회에 보낸 연두교서에서는 우리가 지향하는 조국 근대화야말로 남북통일을 위한 대전제요 중간목표이다, 통일의 길이 근대화에 있고 근대화의 길이 경제자립에 있는 것이라면 자립은 통일의 첫 단계가 된다고 함으로써 「선건설 후통일」의 정책 방향을 분명히 하였다. 당시의 정부는 우리의 경제력이 북한을 압도적으로 능가하고 또한 민주주의가 정착된 다음에야 통일 노력이 실효성을 거둘 수 있을 것으로 보았다.

1960년대 들어 두 차례에 걸친 경제개발 5개년 계획을 성공적으로 완수함으로써 북한에 대한 국력 우위를 확보하기 시작한 3공화국 정부는 1960년대의 '대화 없는 남북대결 시대'를 청산하고 1970년대의 '대화 있는 남북대결 시대'를 맞이하게 되었다. 한편 국제적으로는 1969년 7월 닉슨독트린이 발표되고, 1970년대 들어 미·중·일 관계개선 등을 계기로 새로운 세력균형이 형성되기 시작하는 등 세계적인 긴장완화와 평화공존의 분위기가 조성되었다.

이러한 국내외 정세에 따라 한국의 통일정책은 매우 신축적이면서도 적극성을 띠게 되었다. 또한 정부는 장기적이고 체계적인 정책 수립과 추진을 위해 1969년 3월 1일에는 국토통일원을 설치하였다. 한편 박정희 대통령은 1970년 8월 15일 광복절 제25주년 경축사를 통해 남북한 간 선의의 경쟁을 촉구하는 평화통일구상 선언을 다음과 같이 발표하였다. ① 긴장 상태의 완화 없이는 평화적 방법에 의한 통일에의 접근이 불가능하다. ② 북한이 무력에 의한 적화통일이나 폭력혁명에 의한 대한민국 전복 기도를 포기해야 한다. ③ 남북 간에 가로놓인 인위적 장벽을 단계적으로 제거해 나갈 용의가 있다. ④ 북한이 유엔의 권위와 권능을 수락한다면 북한의 유엔 참석을 반대하지 않는다. ⑤ 남북한의 어느 체제가 더 잘 살 수 있는가 개발과 건설에서 선의의 경쟁을 벌일 것을 제의한다.

이러한 기본 정신에 따라 1971년 8월 12일 대한적십자사 총재가 북한적십자회에 대해 1천만 이산가족 문제 해결을 위한 남북적십자회담을 개최할 것을 제의하였고, 이 제의를 북한적십자회가 수락함으로써 분단 26년 만에 인도적 문제에서부터 남북대화의 통로가 열리게 되었다. 한편 1972년 7월 4일에는 남북 양측의 당국자 간 비공개 접촉과 상호방문을 거쳐 분단 이후 최초의 남북한 간 합의문서라 할 수 있는 남북공동성명이 서울과 평양에서 동시에 발표되었다.

남북공동성명에서 남북한 양측은 ① 통일은 외세에 의존하거나 외세의 간섭을 받음이 없이 자주적으로 해결하여야 한다, ② 통일은 서로 상대방을 반대하는 무력행사에 의거하지 않고 평화적인 방법으로 실현하여야 한다, ③ 사상과 이념, 제도의 차이를 초월하여 우선 하나의 민족으로서 민족적 대단결을 도모하여야 한다는 등 3원칙에 합의하였다. 또한 상호 중상·비방 중지, 군사적 충돌을 방지하기 위한 적극적 조치, 다방면적 교류실시, 직통전화 설치 등 실천조치를 합의하고, 쌍방 간의 합의사항을 추진하고 남북 사이의 제반 문제를 개선·해결하기 위하여 남북조절위원회를 구성·운영하기로 하였다.

그러나 1970년대 초의 이러한 남북대화는 북한이 구체적 실천조치들을 이행하지 않은 채 정부의 '6.23 평화통일 외교정책 선언'(1973.6.23)을 핑계로 일방적으로 중단을 선언함으로써 진전을 보지 못했다. 이후 북한은 당국 간의 접촉과 대화보다도 대민족회의 소집 등 한국 사회의 국론분열에 주력하였다.

1972년 10월 유신으로 제4공화국이 출범하였다. 제4공화국 정부의 통일정책은 제3공화국의 연속선상에서 추진되었다. 이 시기에 정부는 교착상태에 빠진 남북대화를 타개하고 국제정세의 변화에 능동적으로 대처하여 한반도 문제 해결의 기본좌표와 접근방식을 종합적으로 명시할 필요성을 인식하고 '6.23 평화통일 외교정책 선언'을 천명하였다. 동 선언에서는 ① 조국의 평화적 통일을 위한 모든 노력의 경주, ② 한반도의 평화유지, 남북 간의 내정불간섭 및 불침략, ③ 성실과 인내로써 남북대화 계속, ④ 북한의 국제기구에의 참여 불반대, ⑤ 남북한 유엔동시가입 불반대, ⑥ 모든 국가에의 문호개방, ⑦ 평화 선린에 기초한 대외정책의 추진 등 7개 항을 담고 있었다.

이후 제4공화국 박정희 대통령은 1974년 1월 18일 남북 상호 불가침협정 체결 제의, 1974년 8월 15일 평화통일 3대 기본원칙 천명, 1979년 1월 19일 남북한 당국 간 무조건 대화제의 등을 통해 한반도의 긴장완화와 남북관계의 정상화를 위한 정책의지를 표명하고, 이를 실현하기 위해 노력하였다. 특히 1974년 8월 15일의 평화통일 3대 기본원칙에서는 ① 한반도에 평화를 정착시키기 위하여 상호불가침 협정 체결, ② 남북 간에 상호 문호개방 및 신뢰회복을 위하여 남북대화, 교류와 협력 추진, ③ 이 바탕 위에서 공정한 선거관리와 감시하에 남북한 자유총선거 실시 등을 제시하였다.

3. 전두환 대통령의 통일정책 리더십 : 1981년~1988년

　1980년 10월 27일 제5공화국 헌법이 공포되고, 1981년 3월 3일 제5공화국이 출범하였다. 제5공화국 전두환 대통령은 통일되고 독립된 근대적 민족국가의 건설이라는 통일정책을 제시하였다. 이러한 통일 노력은 남북한당국 최고책임자 상호방문과 남북한 정상회담의 개최제의, 통일문제와 남북한 관계정상화 문제를 포괄적으로 해결하기 위한 「민족화합 민주통일방안」의 제시, 민족적 화해와 신뢰를 조성하기 위한 20개 시범실천사업 등의 제시로 구체화되었다.

　전두환 대통령이 1982년 1월 22일 국정연설을 통하여 제시한 「민족화합 민주통일방안」은 통일헌법의 제정으로부터 총선거를 통한 통일민주공화국 완성에 이르는 일련의 과정을 구체적으로 제시하였다. 「민족화합 민주통일방안」은 통일이 민족자결의 원칙 아래 겨레 전체의 자유의사가 고루 반영되는 민주적 절차와 평화적 방법으로 성취되어야 한다는 기본 원칙에 입각하여 평화통일을 성취하는 가장 합리적인 길로서 통일헌법을 채택하고, 이 헌법에 따라 통일된 단일 주권 국가를 완성시킨다는 것을 내용으로 담고 있다. 그리고 통일조국의 국호, 정치이념, 국내외 정책의 기본 방향, 정부형태, 국회구성을 위한 총선거의 방법과 시기 및 절차 등은 민족통일협의회를 구성하여 통일헌법을 기초하는 가운데 토의, 합의될 문제임을 적시하였다.

　전두환 대통령은 이러한 통일방안 제시의 후속 실천조치로서 1982년 2월 1일 국토통일원장관 성명을 통해 북한에 대하여 민족화합을 위해 20개 항에 걸친 구체적 시범사업을 함께 추진해 나갈 것을 제의하였다. 시범사업의 내용에는 서울·평양 간 도로 연결개통, 남북 이산가족들의 편지교류 및 상봉실현, 설악산 이북과 금강산 이남지역의 자유관광 공동지역 개방, 쌍방 정규방송의 자유로운 청취, 민족사의 공동연구, 남북 간 자연자원의 공동개발 및 공동이용 등이 포함되어 있었다.

4. 역대 대통령의 통일정책 리더십 변천 : 1948년~1988년

역대 대통령의 통일정책은 1970년대를 분기점으로 북한체제에 대한 현실인식 여부에 기초하여 변화되어 왔음을 알 수 있다. 1970년대 이전에는 자유총선거론, 남북 자유총선거론, 국토통일을 위한 실력배양론, 선건설 후통일론 등이 통일정책의 핵심이 되었는데, 소위 '적대적 대립' 입장에서 남북 분단을 관리해 왔다. 1970년대 들어 미·소 데탕트, 미·중 화해, 중·일 국교수립 등 국제정세의 변화 속에서 북한에 대한 현실적 인식을 토대로 통일정책의 새로운 방향을 모색하였는데, 소위 '적대적 공존' 입장에서 남북관계를 관리해 왔다(김기정, 2010, 47-72).

<표 15>는 이승만, 박정희, 전두환 대통령이 취한 통일정책을 대북인식, 통일접근방식, 리더십 방식 및 주요 발표 계기로 나누어 정리한 것이다. 역대 정부가 통일정책에서 견지해 온 일관된 기조는 민주적 절차에 의한 평화적 통일과 민족구성원 모두의 자유와 인권 및 민족의 번영이 보장되는 통일 등으로 요약해 볼 수 있다.

그러나 통일에 대한 인식은 당위론적 차원에서 현실적 차원으로 변화되어 왔다. 이러한 변화는 '선평화 후통일'의 정책기조를 수립한 1970년대를 분기점으로 북한 체제의 존재에 관한 현실을 인정한 것과 북한을 대화 상대로 인정한 것에 기초해서 나타났음을 알 수 있다. 그러나 국내적 민주화 이전의 역대 대통령이 통일정책에

〈표 15〉 역대(1948년~1988년) 대통령의 통일정책 리더십 비교

대통령	대북인식	통일접근방식	리더십 방식	주요 발표 계기
이 승 만 ('48~ '60)	• 실체 불인정 • 실지(失地) 회복의 대상	• 유엔결의에 의한 북한지역에 서만의 총선거 • 유엔감시하의 남 북한 자유총선거	정부주도 하향식 (top-down)	• 제헌국회, 「북한 동포에 보내는 결의문」 ('48. 6. 12.) • 변영태 외무장관 「제네바 정치회의 연설」('54. 5. 22.)
박 정 희 ('63 ~'79)	〈제3공화국〉 • 실체 불인정 • 실지회복의 대상 〈제4공화국〉 • 실체 인정 • 평화공존의 대상	〈제3공화국〉 • 유엔감시하의 남 북한 인구비례에 의한 자유총선거 ※ 선건설 후통일 〈제4공화국〉 • 토착인구 비례에 의한 남북한 총선거	정부 주도 하향식 (top-down)	〈제3공화국〉 • 제6대 국회 제25차 본회의 결의안 ('64. 11. 29.) • 「평화통일구상 선언」('70. 8. 15.) 〈제4공화국〉 • 「6. 23 선언」 ('73. 6. 23.) • 「평화통일 3대 원칙」('74. 8. 15.)
전 두 환 ('81 ~'88)	• 실체 인정 • 평화공존의 대상	• 통일헌법에 따른 총선거 실시 - 남북한 기본관계 에 관한 잠정협정 체결	정부 주도 하향식 (top-down)	• 「민족화합민주통일 방안」 천명('82. 1. 22.)

서 보여준 리더십 방식은 모두 정부가 주도하는 하향식(top-down) 방식이었고, 시민사회는 물론 정치권에서도 통일정책이나 통일문제에 대한 논의가 이루어지는 상황이나 여건은 아니었다.

제13대 대통령 선거('87) 과정에서 통일논의

　개정 헌법에 따라 1987년 12월 16일 제13대 대통령 선거가 실시되었다. 1971년 이후 16년 만에 치러지는 직선제 형태의 대통령 선거에 총 8명의 대통령 후보가 나와 경쟁하였고 다수의 후보들이 통일문제에 대해 공약을 내놓으며 국민들의 통일에 대한 관심을 반영하였다.

　노태우 민주정의당 후보를 비롯해 김대중 평화민주당 후보, 김영삼 통일민주당 후보, 김종필 신민주공화당 후보 등이 일정한 차이를 보이기는 했지만 모두 북한과의 관계개선을 제의하였다(노중선, 1996, 278-283).

1. 노태우 민주정의당 후보의 북방정책 및 통일 관련 공약

　(중략) (10) 국가의 안전보장과 평화적 민족통일의 추진

① 한반도 평화정착을 위해 자주국방력을 강화한다 : 자주적 방위력 확보, 고도 정밀무기의 국산화

② 평화·민주·자주의 원칙에 따라 민족통일을 적극 추진한다 : 한반도의 긴장완화와 평화정착, 평화적 교류확대 통한 남북한 협력공동체 형성, 평화통일의 달성

③ '88 올림픽을 성공적으로 수행하여 민족선진화의 계기로 삼는다 : 참가국의 극대화로 한반도 평화분위기 조성, 「세계 속의 한국」 부각, 경제적 파급효과의 극대화

④ 자주성을 바탕으로 한 실리외교를 활기차게 전개하여 대외기반을 공고히 하고 국제적 지위를 높인다 : 전통 우방과의 유대 강화, 제3세계와의 관계개선, 공산권 국가들과의 관계증진, 경제통상외교의 강화, 교육·문화·스포츠 외교의 강화, 민간 주도의 경제·문화외교 장려

노태우 후보는 1987년 11월 27일 통일정책 기조를 천명하였다. 통일문제는 인식과 발상의 대전환을 통해 접근해 나가겠다, 과거 냉전적 발상으로 접근한 경향, 다시 말해 민족문제를 대립적·투쟁적으로 사고한 것을 앞으로는 지양하고 북한에 대해서는 큰형처럼 대하는 이니셔티브를 취하겠다고 하였다. "88 올림픽을 성공적으로 치루고 나면 남북 간의 체제경쟁은 사실상 끝나게 되고 북한 측은 우리의 데탕트정책에 응해오지 않을 수 없다고 본다. 엄할 때 엄하게 가르치되 웬만한 일들에 대해서는 관용도 베푸는 '맏형정책(Big Brother Policy)'을 북한에 써볼 만한 시기라고 생각합니다." 남북한 관계는 상호 비방하고 괴롭히는 적대논리에서 벗어나 서로

돕고 함께 잘 사는 호혜논리로 발전시켜 나아가야 한다는 것이었
다. 또한 노태우 후보는 자신이 대통령에 당선되면 소련·중공·북
한을 비롯한 공산권과 수교함으로써 대한민국의 국제환경을 전
방위적으로 확대할 것이고 그 가운데 북한과의 관계개선을 통해
궁극적으로 남북통일의 길도 열릴 것이라고 하였다.

　민주정의당이 통일 분야와 관련하여 내건 대국민 공약은 평화적
민족통일을 추진하겠다는 것이다. 평화·민주·자주의 원칙에 따라
민족통일을 적극 추진하겠다는 것이다. 한반도의 긴장을 완화하
고 평화를 정착해 나가며, 평화적 교류 확대를 통해 남북한 협력
공동체를 형성하면서 평화통일을 달성하겠다는 내용이었다.

2. 김영삼 통일민주당 후보의 통일관련 공약

(중략) (2) 외교 안보
① 민족통일을 지향하는 자주외교와 안보정책
- '민족통일원'으로의 개편 및 통일기구의 보강: 민족통일원으로
　개칭 및 부총리로 격상
- '민주통일·외교정책심의회의' 구성: 정권의 외곽단체인 민족통일
　중앙협의회 폐지
- 남북불가침협정 체결 추진: 한반도의 비핵지대화
- 대 공산권과 외교 강화
- 대미·일 외교의 자주성 확보
- 민족통일관계 연구업무 지원 강화

통일민주당은 1987년 11월 9일 전당대회를 개최하고 김영삼 당 총재를 대통령 후보로 추대하였다. 김영삼 당시 대통령 후보의 통일 분야 공약은 '민족통일을 지향하는 자주외교와 안보정책'이었다. 당시 국토통일원을 '민족통일원'으로의 명칭을 바꾸고 부총리급으로 확대 개편하며, '민주통일·외교정책심의회의' 구성, 민족통일관계 연구업무 지원을 강화하는 등 통일기구와 업무를 보강하는 한편, 남북 간에 불가침협정 체결을 추진하며 한반도를 비핵지대화로 만들고, 대 공산권과 외교를 강화하겠다는 내용의 공약을 제시하였다. 한편, 1979년에 김일성과의 직접 회담을 제의한 바 있었던 김영삼 후보는 제13대 대통령 선거에서 그 제의를 되풀이했다(김학준, 2023, 363).

노태우 정부는 1990년 12월 27일 정부조직법 개정을 통해 국토통일원을 '통일원'으로 명칭을 바꾸고 부총리급으로 확대 개편하였다. 결과적으로는 김영삼 당시 대통령 후보의 공약 내용이 이행된 것이었다.

3. 김대중 평화민주당 후보의 통일관련 공약

(중략) (3) 평화통일의 지향
- 평화협정 체결 및 유엔과 북한과의 휴전협정 폐기
- 남북책임자 회의의 연례화 및 정례 남북각료급 협의기구 상설화
   추진(3단계 통일정책: 평화공존, 평화교류, 평화통일)
- 통일논의 자유개방 보장

- 평화통일 범국민 정책협의회 설치(민간기구)
- 남북교류 추진
- 비무장지대의 민족통일공원 조성
- 통일기반 구축(유엔 가입)

평화민주당은 1987년 11월 12일 창당대회를 개최하고 김대중 당 총재를 대통령 후보로 추대하였다. 김대중 당시 대통령 후보의 통일 분야 공약은 '평화통일의 지향'이었다. 구체적으로는 유엔과 북한과의 휴전협정을 폐기하고 평화협정을 체결하며, 통일기반 구축을 지향하는 자주외교와 안보정책을 펴나가겠다는 것이다. 또한 평화공존 단계와 평화교류 단계를 거쳐 평화통일을 이룩하는 3단계 통일정책을 발표하였다. 이 밖에 남북책임자 회의의 연례화 및 정례 남북각료급 협의기구 상설화 추진, 통일논의 자유개방 보장, 평화통일 범국민 정책협의회를 민간기구로 설치하고, 남북교류 추진, 비무장지대의 민족통일공원 조성 등이 포함되어 있었다.

1960년대 후반 이후 일관되게 북한과의 관계개선을 제의한 김대중 후보는 '남북공화국연방' 안을 제의했다(노중선, 1996, 278-283). 1987년 10월 평화민주당 김대중 총재는 「나의 입장과 나의 포부」에서 '공화국연방제 통일방안'을 제시하였다. 남북 양쪽은 영구적인 평화체제의 토대를 위해 남북 양 지역에 이념과 체제를 달리하는 완전한 독립정부의 존재를 인정한다. 양 정부는 서로 상대의 내정에 간섭하지 않고 직접 또는 연방기구를 통해 상호교류와 협력의 증진에 주력한다. 남북 양 독립정부 위에 중앙연방기구를 설립하고 여기에 남북의 대화와 교류증대를 위한 역할과 임무를 부여한다. 이러한 '1연방 2독립정부' 체제 밑에서 남북은 공존과 교류를 더욱 활발히 하면서 상호 간 신뢰와 이해의 조정이 증진된 만큼 그 권한을 중앙정부로 점차적으로 이관하여 마침내 완전한 통일정부를 이룩한다는 것이었다.

노태우 정부는 1988년 6월 2일 통일논의 자유화 조치를 실시하였다. 이것은 1988년 7월 7일 "민족자존과 통일번영을 위한 대통령 특별선언(7.7 선언)" 발표를 앞두고 노태우 대통령이 전향적인 통일정책의 일환으로 취한 선행 조치였다. 하지만 결과적으로는 김대중 당시 대통령 후보의 공약 내용인 '통일논의 자유개방 보장'이 이행된 것이었으며, 통일문제와 관련하여 여야 간 공감대를 형성해 주었다.

4. 여타 후보 및 단체의 통일논의 동향

신민주공화당은 1987년 10월 30일 전당대회를 개최하고 김종필당 총재 및 대통령 후보로 추대하였다. 같은 날 자유민주주의, 자유 경제, 평화·민주·자주 통일 등을 골자로 한 정강정책도 채택되었다. 통일은 국민적 합의의 확고한 원칙하에 일관성 있게 추진되어야 하며 정치인들이 즉흥적으로 문제를 던져서는 안 된다, 분단이 국제적인 역학관계에 의해 빚어진 것이라면 통일 역시 국제질서의 역학관계를 고려하여 안으로는 상호신뢰와 동질성을 회복하면서 심도 있는 대화를 펴나가는 한편, 국제사회에서의 발언권과 지위를 향상시키는 것이 통일로 가는 길이라는 것이었다. 신민주공화당 김종필 후보는 국력의 우위에 의한 점진적 통일을 주장했다. 민간 차원의 통일논의에 대해서는 국민적 합의하에 신뢰할 수 있는 확고한 원칙을 세워 일관성 있게 통일정책을 추진해야 한다는 입장을 제시하였다.

한편 재야 운동권 출신 백기완 '민중 후보'는 반미노선을 분명히 선언하며 북한과의 직접적 대화를 통한 자주통일과 민중 주도의 민족통일을 제의하였으나 야권 단일화를 촉구하며 선거 직전 사퇴하였다. 역시 재야 운동권에 속하는 민주통일민중운동연합(약칭 민통련)과 전국대학생협의회(약칭 전대협)는 역대 보수적 정부들의 북한·통일정책에 크게 대조되는 노선을 제시하였다. 민통련은 '민중이 주체가 되는 통일운동'을 지향했으며, 전대협은 주한미군의 철수와 국가보안법의 폐기를 요구했다. 한편, 사회민주당 권두영 위원장은 1987년 1월 27일 기자회견을 통해 '중립화 통일방안'을 제시한 바 있다. 사회민주당은 민족자주역량을 바탕으로 한 영세중립화 통일만이 남북한 전 민족에게 최선의 길임을 확신한다며 민족 주체성에 입각하면서 4대 강국과 유엔이 보장하는 한반도의 스위스 또는 오스트리아와 유사한 영세중립화 실현, 이를 위해 6자회담(남북한 당국자, 미국·소련·중국·일본 당국자) 개최 실현을 위한 다각적인 노력을 경주한다고 주장한 바 있다.

이렇게 제13대 대통령 선거 과정에서 나온 다양한 통일문제 관련 공약 및 논의들은 실제로 노태우 정부에서 한민족공동체통일방안 마련과 관련하여 각계각층의 국민들로부터 받은 다양한 통일논의 의견에 투영되어 수렴되는 과정을 거쳤다고 볼 수 있다.

제1장 통일과 대통령 리더십

김학준, 『이홍구 평전』(서울: 중앙books, 2023).

최용섭, 『신냉전에서 살아남기』(서울: 미지북스, 2022).

이홍구, '한민족공동체통일방안의 정책기조와 실천방향', 『한민족공동체 통일방안의 이론적 기초와 정책방향』(국토통일원, 1990.2).

김학준, "한민족 공동체 통일방안의 내용과 남북관계의 전망(특별기고)", 『고시계』(1990년 1월호).

백경춘, "민족공동체 통일방안에서 '남북연합'의 제도화 관한 연구; 국가 연합과 관련하여", 국민대학교 박사학위논문(1996).

이기동, "통일환경의 변화와 민족공동체 통일방안", 『한국동북아논총』 제 71호(2014.6).

고유환, "민족공동체 통일방안의 평가와 계승 발전방안", 『한국국제정치 학회 학술대회 발표논문집』(2014.2).

서진영, "통일논의와 국민적 합의 기반의 확충", 『국토통일원 자료집』 (1989.12).

김종세, "한국의 통일방안을 위한 헌법적 접근: 국민적 합의를 기반으로 한 대북정책을 중심으로", 『공법학연구』(2008).

조윤영, "대북정책 결정과정과 국회의 역할", 『한국정치외교사논총』 제32
권 제2호(2011.1).

구갑우 외, "한반도 평화과정과 국회의 역할", 『2004년 국회연구용역과
제』, pp. 33-34.

강장석, "국회를 통한 통일 및 대북정책의 국민적 합의 제고방안", 『의정
논총』(2014).

박종철 외, 『통일관련 국민적 합의를 위한 종합적 시스템 구축방안: 제도
혁신과 가치합의』, 통일연구원(2005).

이화수, "국민적 합의의 도출과 민족공동체 형성", 『통일이념과 민족공동
체형성』(통일원, 1990), pp. 23-67.

신종대, "김대중·노무현 정부의 대북정책과 국내 정치: 문제는 '밖'이 아
니라 '안'이다", 『한국과 국제정치』 제29권 제2호(2013).

허훈, "통일관련 남남갈등 문제점과 해결방안: 글로벌 사례비교연구와
시사점", 동아대학교 국제전문대학원 박사학위논문(2018).

김계동 외, 『현대외교정책론』(서울: 명인문화사, 2007).

조한범, "남남갈등 해소방안 연구", 통일연구원 『연구총서』, 06-19(2006).

조한범·이정우 외, 『지속가능한 통일론의 모색: 대북·통일정책에 대한 성
찰과 남남갈등의 대안』(파주: 한울아카데미, 2014).

최돈규, "한국 군 장성 출신 대통령들의 정치적 리더십에 관한 비교연
구", 경남대학교 박사학위논문(2008).

장용훈, "남북 정상회담과 정치적 리더십의 역할", 경남대학교 북한대학
원 박사학위논문(2013).

이정철, "외교-통일 분화기 한국 보수의 대북정책: 정책연합의 불협화음
과 전환기 리더십의 한계", 강원택 편, 『노태우 시대의 재인식』(파주: 나
남, 2012), pp. 237-267.

이충묵, "리더십과 외교정책", 김달중 편저, 『외교정책의 이론과 이해』(서
울: 오름, 1998), pp. 297-298.

Kenneth N. Waltz, Theory of International Politics (New York: McGraw - Hill, 1979).

Hans J. Morgenthau, Theory of International Politics Among Nations: The Struggle for Power and Peace, 3rd edition(New York: Afred A. Knopf, 1963).

마상윤, "1970년대 초 한국외교와 국가이익: 모겐소의 국익론을 통한 평가", 『국제지역연구』 제21권 제2호(서울대 국제학연구소, 2012).

Daniel L. Byman and Kenneth M. Pollack, "Let Us Now Praise the Great Men: Bring the Stateman Back In", International Security, Vol. 25, No. 4, 2001.

Graham T. Allison, Essence of Decision (Bostin: Little, Brown and Company, 1971).

정정길, 『정책결정론』(서울: 대명출판사, 1988).

신진우, "한국 대통령의 리더십에 관한 규범적 연구", 경기대 대학원 박사학위논문(2006).

박건영, 『외교정책결정의 이해』(서울: 사회평론아카데미, 2021).

James D. Barber, Presidential Character (Routledge; 5th edition, 2019).

Stephen D. Krasner, International regimes (Ithaca: Cornell University Press, 1991).

박건영, "정치·군사·외교 부문: 대북 화해 협력 정책의 보완과 북핵 문제 해결", 현대경제연구원 『월간 통일경제』(2003년 봄호).

김기정, "한반도 분단관리와 한국 외교정책: 박정희·김대중 정권의 비교 분석", 연세대학교 국가관리연구원, 『한국 국가관리와 대통령 리더십의 비전과 모델』(2010), pp. 47-72.

강원택, "87년 헌법의 개헌 과정과 시대적 함의", 『역사비평』 2017년 여름호(통권 제119호, 2017.5).

정영화, "분단이후 정부의 평화통일정책의 비교 및 헌법적 평가", 『공법

연구』, 제39집 제2호(2010.12), pp. 255-287.

노중선 편,『연표: 남북한 통일정책과 통일운동 50년』(서울: 사계절, 1996).

국경복, "역대 대통령 후보자의 선거공약 비교", 국회『입법조사월보』,
　　1992년 7·8월호.

제2장 대통령의 국민소통 리더십

박종화 외, "분단역사 패러다임에서 평화공존 생활양식 패러다임으로의
　　전환: NCCK '88선언' 20주년의 역사적 의미와 미래 비전",『신학사
　　상』No. 140(2008).

노태우,『노태우 대통령 회고록-하, 국가 민주화 나의 운명』(서울: 조선 뉴스
　　프레스, 2011).

『조선중앙통신』, 1988년 7월 11일.

이동현,『이슈로 본 한국 현대사』(서울: 민연, 2002).

국토통일원,『각계 통일논의 자료집 I, II, III』(1988.11).

민주화 운동청년연합,『민중신문』제58호(1988.9.30.).

노태우,『위대한 보통사람들의 시대』, (서울: 을유문화사, 1987).

이제훈, "노태우 정부의 북방정책과 비대칭적 탈냉전: 남·북·미 3각 관계
　　와 3당 합당의 영향을 중심으로", 북한대학원대학교 박사학위논문
　　(2016).

국회 통일정책특별위원회,『통일정책특별위원회 활동경과』(1991.12).

국회사무처,『제142회 국회 민주발전을한법률개폐특별위원회회의록』
　　제1호(1988.7.8.).

국회 민주발전을한법률개폐특별위원회,『법률안심사자료집』(국회사무
　　처, 1990).

국토통일원,『한민족공동체통일방안 기본 해설자료』(1989). ;『한민족공동

체통일방안 그 법적 체계화 연구』(1989). ;『한민족공동체통일방안의
　　이론적 기초와 정책방향』(1990.2).

국가보안법 관련 한정합헌결정(1990년 4월 2일 선고), 헌법재판소 89헌가
　　113

이홍구, '한민족공동체통일방안의 정책기조와 실천방향', 국토통일원

국토통일원, 『한민족공동체통일방안에 관한 국민여론 조사 보고서』,
　　1989.12.

노재봉 외, 『노태우 대통령을 말한다: 국내외 인사 175인의 기록』(파주: 동
　　화출판사, 2011).

제3장 대통령의 정치협상 리더십

강원택 외, 『6.29 선언과 한국 민주주의: 민주화 30년, 한국 민주주의의
　　진전과 노태우 정부의 시기의 재조명』(서울: 푸른길, 2017).

정종학, "제6공화국 헌법상 국회와 정부와의 관계", 충남대, 『법학연구』
　　3권 1호(1992.12).

김준한, "한국 제13대 국회 투표권력에 관한 연구", 『한국정치학회보』 제
　　23집 제1호(1989.9).

김영삼, 『김영삼 회고록; 민주주의를 위한 나의 투쟁 3』(서울: 백산서당,
　　2021).

노태우, 『노태우 대통령 회고록-상, 국가 민주화 나의 운명』(서울: 조선 뉴스
　　프레스, 2011).

김대중, 『김대중 자서전 1』(서울: 삼인, 2011).

박철언, 『바른 역사를 위한 증언 2』(서울: 랜덤하우스 중앙, 2005).

김천식, "노태우 정부의 남북교류협력법 제정 과정에 관한 연구", 북한대
　　학원대학교 박사학위논문(2014).

이정철, "외교-통일 분화기 한국 보수의 대북정책: 정책연합의 불협화음과 전환기 리더십의 한계", 강원택 편,『노태우 시대의 재인식』(파주: 나남, 2012.).

이홍구,『이홍구문집 IV』(서울: 나남출판, 1996).

오충석, "남북정상회담에 대한 한국 정부의 차별적 대응과 성사 요인", 연세대학교 대학원 박사학위논문(2012).

이홍구,『민족공동체와 통일』(서울: 나남, 1996).

장명봉, "새통일방안 체제연합이냐 국가연합이냐",『신동아』, 1989년 2월호.

국회 외무통일위원회 회의록, 1989년 2월 24일, 5월 23일.

노태우,『노태우 대통령 회고록-하, 국가 민주화 나의 운명』(서울: 조선 뉴스 프레스, 2011).

국회 통일정책특별위원회 주최 '남북학생회담 관련 공청회'(1988.8.4.) 회의록. ; '통일정책에 관한 공청회(1989.8.31.)' 회의록.

국회 통일정책특별위원회,『통일정책특별위원회 활동경과』(1991.12). 국토통

국토통일원,『정당·단체·개별인사 통일논의』(1989.1). ;『통일문제논설선집』(1989). ;『민족화합민주통일론 5』(1986.12).

제147회 국회 통일정책특별위원회 제1차 회의(1989.10.10.) 회의록.

구본태, "한민족공동체통일방안 수립 30주년 의미와 과제", 통일부,『광화문 필통』40회(2019.11.18).

제4장 대통령의 의제설정 리더십

박봉헌,『대통령 리더십과 통일정책: 한반도와 독일의 역대 지도자의 통일 리더십 비교』(서울: 한울아카데미, 2002).

이해영,『정치지도자의 정책리더십』(서울: 집문당, 2003).

Walter Bennis, Some Effects of Decision Procedure on Policy Outcomes (New York: Harper & Row, 1979).

김달중 편저,『외교정책의 이론과 이해』(서울: 오름, 1998).

국사편찬위원회,『고위관료들, 북핵위기를 말하다』.

이근, "노태우 정부의 북방외교: 엘리트 민족주의에 기반한 대전략",『노태우 시대의 재인식』(서울: 나남, 2012).

공보처,『제6공화국실록 노태우대통령정부5년 ②외교통일국방 ⑤대통령』(1992).

박철언,『바른 역사를 위한 증언 2』(서울: 랜덤하우스 중앙, 2005).

전재성, "북방정책의 평가: 한국 외교대전략의 시원"; 박철희, "노태우 시대의 대전략과 우방국 외교",『노태우 시대의 재인식』(서울: 나남, 2012).

통일부,『통일부 30년사』(1999).

『로동신문』, 1988년 7월 12일., 1988년 9월 9일.

국토통일원,『각계통일논의 자료집 II』(1988.11).

강인덕,『한 중앙정보분석관의 삶 2』(파주: 경인문화사, 2022).

정세현,『판문점의 협상가 정세현 회고록: 북한과 마주한 40년』(파주: 창비, 2020).

통일원,『통일백서』(1990~1992).

국토통일원,『남북한 통일정책 비교』(1990).

김일성, "6차당대회 당중앙위 사업총화보고",『북한 노동당대회 자료집』제3집(서울: 국토통일원, 1981).

이종수 편,『한국사회와 공동체』(파주: 다산출판사, 2008).

김학준, "90년대를 향한 통일정책: 한민족공동체통일방안의 재조명",『'90년대 동북아 새 질서와 한민족공동체 형성』(통일원, 1990).

김천식,『통일국가론』(서울: 늘품플러스, 2018).

통일부,『통일문제 이해』(2015.12).

전인영, "한민족공동체통일방안의 이념적 측면: 남북한의 시각 및 인지 비교", 통일원, 『통일방안 논문집』 제1집(1990). ; 『'90년대 동북아 새 질서와 한민족공동체 형성』(1990).

장명봉 외, 『한민족공동체 통일방안 그 법적 체계화 연구』(통일원, 1989).

박철언 외, 『고위관료들, '북핵위기'를 말하다』(국사편찬위원회, 2009).

이천봉, "노태우의 청와대 사람들", 『월간조선』 1989년 10월호.

『조선중앙통신』, 1989년 9월 14일.

Jon Pierre and B. Guy Peters, Governance, Politics, and the State (New York: St. Martin's Press, 2000).